SCIENCE

KEPU BAIJIA JIANGTAN

及科学知识，拓宽阅读视野，激发探索精神，培养科学热情。

科学家是怎样思考的

吉林出版集团
北方妇女儿童出版社

图书在版编目（CIP）数据

科学家是怎样思考的 / 李慕南，姜忠喆主编. —长春：北方妇女儿童出版社，2012.5（2021.4重印）
（青少年爱科学. 科普百家讲坛）
ISBN 978 - 7 - 5385 - 6333 - 7

Ⅰ. ①科… Ⅱ. ①李… ②姜… Ⅲ. ①科学家 - 生平事迹 - 世界 - 青年读物②科学家 - 生平事迹 - 世界 - 少年读物 Ⅳ. ①K816.1 - 49

中国版本图书馆 CIP 数据核字（2012）第 061746 号

科学家是怎样思考的

出 版 人	李文学	
主 　 编	李慕南　姜忠喆	
责任编辑	赵　凯	
装帧设计	王　萍	
出版发行	北方妇女儿童出版社	
地 　 址	长春市人民大街 4646 号　邮编 130021	
	电话 0431 - 85662027	
印 　 刷	北京海德伟业印务有限公司	
开 　 本	690mm × 960mm　1/16	
印 　 张	13	
字 　 数	198 千字	
版 　 次	2012 年 5 月第 1 版	
印 　 次	2021 年 4 月第 2 次印刷	
书 　 号	ISBN 978 - 7 - 5385 - 6333 - 7	
定 　 价	27.80 元	

前　　言

科学是人类进步的第一推动力,而科学知识的普及则是实现这一推动力的必由之路。在新的时代,社会的进步、科技的发展、人们生活水平的不断提高,为我们青少年的科普教育提供了新的契机。抓住这个契机,大力普及科学知识,传播科学精神,提高青少年的科学素质,是我们全社会的重要课题。

一、丛书宗旨

普及科学知识,拓宽阅读视野,激发探索精神,培养科学热情。

科学教育,是提高青少年素质的重要因素,是现代教育的核心,这不仅能使青少年获得生活和未来所需的知识与技能,更重要的是能使青少年获得科学思想、科学精神、科学态度及科学方法的熏陶和培养。

科学教育,让广大青少年树立这样一个牢固的信念:科学总是在寻求、发现和了解世界的新现象,研究和掌握新规律,它是创造性的,它又是在不懈地追求真理,需要我们不断地努力奋斗。

在新的世纪,随着高科技领域新技术的不断发展,为我们的科普教育提供了一个广阔的天地。纵观人类文明史的发展,科学技术的每一次重大突破,都会引起生产力的深刻变革和人类社会的巨大进步。随着科学技术日益渗透于经济发展和社会生活的各个领域,成为推动现代社会发展的最活跃因素,并且成为现代社会进步的决定性力量。发达国家经济的增长点、现代化的战争、通讯传媒事业的日益发达,处处都体现出高科技的威力,同时也迅速地改变着人们的传统观念,使得人们对于科学知识充满了强烈渴求。

基于以上原因,我们组织编写了这套《青少年爱科学》。

《青少年爱科学》从不同视角,多侧面、多层次、全方位地介绍了科普各领域的基础知识,具有很强的系统性、知识性,能够启迪思考,增加知识和开阔视野,激发青少年读者关心世界和热爱科学,培养青少年的探索和创新精神,让青少年读者不仅能够看到科学研究的轨迹与前沿,更能激发青少年读者的科学热情。

二、本辑综述

《青少年爱科学》拟定分为多辑陆续分批推出,此为第五辑《科普百家讲

坛》,以"解读科学,畅想科学"为立足点,共分为10册,分别为:

1.《向科技大奖冲击》

2.《当他们年轻时》

3.《获得诺贝尔奖的科学家们》

4.《科学家是怎样思考的》

5.《科学家是怎样学习的》

6.《尖端科技连连看》

7.《未来科技走向何方》

8.《科技改变世界》

9.《保护地球》

10.《向未来出发》

三、本书简介

本册《科学家是怎样思考的》通过讲故事的形式,介绍了科学家在科学研究中所运用的思维技巧:阿基米得是如何鉴别皇冠的真假的? 华佗看见蜘蛛和马蜂相斗得到了什么启发? 法拉第是怎样解开紫罗兰褪色之谜的? 欧拉如何巧妙解决了"七桥问题"? 卡文迪许是怎样"称"出地球质量的? ……这些奇妙的问题,都闪耀着科学家思维的光华。该书涉猎范围十分广泛,既有我们身边的事情,又有高科技研究领域;既有日常生活的发现,又有军事领域的发明。从小到大,无不展示了众多科学家与众不同的思维风采,读来很吸引人。如果你想学会如何像科学家一样思考,就请你打开本书,和小伙伴门一起进入科学思维的殿堂吧! 你会发现,科学家的思维并不神秘,科学就在我们身边!

本套丛书将科学与知识结合起来,大到天文地理,小到生活琐事,都能告诉我们一个科学的道理,具有很强的可读性、启发性和知识性,是我们广大读者了解科技、增长知识、开阔视野、提高素质、激发探索和启迪智慧的良好科普读物,也是各级图书馆珍藏的最佳版本。

本丛书编纂出版,得到许多领导同志和前辈的关怀支持。同时,我们在编写过程中还程度不同地参阅吸收了有关方面提供的资料。在此,谨向所有关心和支持本书出版的领导、同志一并表示谢意。

由于时间短、经验少,本书在编写等方面可能有不足和错误,衷心希望各界读者批评指正。

本书编委会

2012 年 4 月

目　　录

鉴别皇冠的真假

2000 多年前的一天，古希腊希洛王交给了阿基米得一项重大任务：鉴别工匠制作的皇冠是不是纯金制成的。阿基米得接到任务，久思不得其解。

一天，他的家人说："你洗一洗澡吧，看你满身污垢，洗一洗能够轻松些，说不定还能开阔视野呢！"

"有道理。"阿基米得在盛满水的澡盆中洗起热水澡来，他看到澡盆里的水溢了出来，自己的身体感到轻了许多。于是，他想：盆里溢出水的体积，不就是自己身体浸入水里的那一部分体积吗？用这个方法不就可以鉴别皇冠的真假了吗？他按照这个思路，终于鉴定出皇冠掺了假。

阿基米得在这个基础上，继续研究，最终发现了著名的浮力定律。

来复枪的发明

奥地利的科尔纳喜欢摆弄枪。他曾制造了滑膛枪，可他对这枝枪并不满意。

1510年的一天，他看到有人用箭，箭的尾部装有3根鸡毛。"哎，箭的尾部为什么要装3根羽毛呢？"科尔纳好奇地问，"难道是为了美观吗？"

于是，科尔纳就去询问一位制造箭的老师傅。"箭装上鸡毛决不是为了好看。"老师傅眯着眼睛说，"而是为了让箭飞得更稳、更远。"

"这是为什么呢？"科尔纳思考着。他反复观察箭的飞行过程：箭在飞行的过程中，鸡毛是旋转的，好像是绕着一条线在飞行。

科尔纳突然联想到了枪。"在枪上是不是也可应用这个原理呢？"他开始了大量的试验。

经过两年的研究，科尔纳发现，在枪管里刻上螺旋线，子弹果真飞得更稳、更远。就这样，他发明了来复枪。

由吊灯到摆钟

1583 年的一天，意大利科学家伽利略和别人一样到教堂去做礼拜。教堂里的祈祷声没有引起伽利略的注意，而悬挂在教堂半空的一盏大吊灯却引起了他极大的兴趣。一阵风吹来使吊灯来回摆动起来。"奇怪，怎么每次摆动的时间都相等呢？怎么用时间来确定这个问题呢？"伽利略心里没有数。

这时，他忽然想到了脉搏，他数着自己的心跳：1，2，3……17。"啊！吊灯每摆动一次，心跳了 17 次。"这时一阵大风吹来，吊灯摆的角度变得很大，可他发现，吊灯摆一个来回所花的时间，还是心跳 17 次。就这样，他发现了摆的等时性。

伽利略一回家就找来一根绳子和一块碎铁片，做起了原始的摆钟实验来。后来人们根据伽利略的发明和设想，制成了摆钟。

"思想实验"的胜利

400 多年前，伽利略在灯下阅读古希腊大哲学家、大科学家亚里士多德的著作。

"亚里士多德写的东西太好了！他真了不起！"可是，当伽利略读到"重的物体落地快，轻的物体落地慢"时，觉得有点问题，他对这位权威的结论产生了怀疑。

他大胆推想：把轻重不同的两个物体连在一起，按亚里士多德的说法，重的物体落地快，轻的物体落地慢，轻的会把重的拖住，就会比单独一个重的物体落地慢一些；按照另一种思维，轻的物体和重的物体连在一起，重量就会更重，应该比单独一个重的物体落地更快。这不是自相矛盾吗？从这正反两面可以看出：轻重不同的两个物体应该同时落地。

1590 年伽利略在意大利比萨斜塔成功地做了这个实验，事实否定了大权威亚里士多德的错误结论。

体温表是这样制成的

"先生，人生病时体温会升高，您能不能想一个办法测出人的体温，帮助医生诊断疾病呢？"一位医生恳求在大学教书的意大利科学家伽利略。

"这该怎么入手呀？"伽利略心里也没有数。一天，伽利略在实验课上问："当水沸腾时，水面为什么会上升？"

"因为水到达沸点时，体积增大，水就会膨胀上升。"一个学生回答。

哈哈，就在这一问一答的过程中，启发了伽利略的思维，他高兴地说："水的温度发生变化时，体积也发生变化；当水的体积变化时，不也可以测出温度的变化吗？"他起先用试管装上水做实验，没有成功；后来他作了改进，用极细的玻璃管装水，排除管里的空气，然后密封起来，在玻璃管刻上刻度。一经试用，果然灵验。于是，世界上第一支体温表就这样诞生了。

帕斯卡发现大定律

那是在 1639 年，法国人帕斯卡在回家的路上看到一个园丁正在浇花。扁扁的水管一接上水龙头，管子立即就鼓胀了起来，水从管子里流了出来。

帕斯卡感到很奇怪："水管为什么会鼓起来呀？"他站在管子上，可只把水管压得向下稍微凹了一点。他突然看到前面有几个小孔，如同人工喷泉，水喷得很高。

后来，他做起了实验。他找来一个空心的气球，把它灌满水，连着一个针筒。气球里有了水，气球就鼓了起来，用针扎几个小孔，里面的水就会渗出来，用针筒向下推一下，增大了压力，气球里的水就会喷出来。无论向哪个方向，小孔里的水都一样有力向外喷出来。

通过多次实验帕斯卡终于搞清楚了，针筒里的压力可以传导给气球里的水，它又能传导到各个方向；各个角落里的压力都是一样的。这就是著名的"帕斯卡定律"。

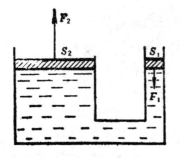
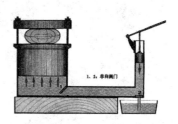

根据帕斯卡定律设计的液压机原理图（左图）和结构图（右图）

"托里拆利真空"

"抽水机抽水高度不能超过 10 米，这是怎么回事呢？"意大利物理学家托里拆利认为：这是由于空气有重量自然会产生压力，空气的压力将水往管子里压，可一旦压到 10 米高度时，水柱的压力和大气的压力持平，水就压不上去了。

为此，1643 年托里拆利设计了一个实验，他想："测定 10 米高的水柱

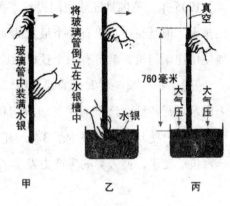

托里拆利实验

不方便，可用密度大的水银来代替。"他特制了一根 1 米长的玻璃管，一端密封起来，一端开口。把水银倒满玻璃管，用手指摁住开口的一端并颠倒过来，放在盛有水银的大瓷碗中，再松开手指。管里的水银很快下降流到碗里。"哈哈！水银下降到距碗里的水银面高 76 厘米时，就不动了。"他算了一下，76 厘米高的水银柱产生的压强，正好和 10 米水柱产生的压强相等。

托里拆利在这个实验中，不仅获得了真空，而且发现了大气压。后人把托里拆利实验中，水银柱以上的真空空间叫"托里拆利真空"。

瓦特与蒸汽机

1705 年，英国铁匠纽康门设计了著名的纽康门大汽机，广泛地应用于矿山排水。但是纽康门机有一个最大的缺点：耗煤量太大。难怪有人戏说："谁要使用纽康门机，就得有一个铁矿做原料，一个煤矿做燃料。"

"怎么来克服耗煤太大的缺点呢？"英国工程师、发明家瓦特认真思索这个问题。瓦特针对这个问题对纽康门机进行了改造，在这个基础上终于发明了蒸汽机，使其用煤量减少了 3/4。瓦特的蒸汽机于 1769 年在英国获得专利。蒸汽机的诞生，使人类的生产力发生了一次巨大的飞跃。

莱顿瓶

1745 年，荷兰莱顿城莱顿大学物理教授米欣布鲁克，正在寻找一种把电"储藏"起来的容器。

一天，他正在实验室里做电学实验：从天花板上用丝线水平悬挂了一根铁制的枪管，枪管的左边正好碰在起电机的玻璃球上。他取来一根铜丝，在枪管的右端绕了几下，再把铜丝另一头浸入一个盛了水的玻璃瓶里。

实验中，他原来是打算用手指接近带电的枪管，观察枪管与手指间的电火花。做了几次实验后，他觉得那个盛了水的玻璃瓶有点儿晃动，于是，他用另一只手去托住玻璃瓶。忽然一声巨响，他被击倒在地。"天啦！好厉害啊！"

"玻璃瓶怎么会带电呢？"米欣布鲁克教授马上意识到，一定是那个盛了水的玻璃瓶把起电机得到的通过枪管传过来的电都储藏起来了，这次突然释放，所以才有如此巨大的威力。于是，米欣布鲁克在这个基础上发明了能"储藏"电的"莱顿瓶"。

电，捕捉到了

1752 年 7 月的一天，在美国的波士顿，天空阴云密布，眼看就要下雨了。就在这个时候，美国科学家富兰克林在野外放起风筝来。富兰克林的风筝很特殊，在顶端安了一根尖尖的铁针。放风筝的麻绳的末端拴着一把铁钥匙。当风筝飞上天空不久，天果然下起了大雨。

当头顶有闪电时，他感到手麻酥酥的。他意识到这是天空中的电流通过湿麻绳和铁钥匙传导到自己的手上。他高兴地大喊："电，我捕捉到了！"

他把铁钥匙和莱顿瓶联接起来，结果使莱顿瓶蓄了大量的电，这种电可以点燃酒精，其作用和"摩擦起电"产生的电是一样的。富兰克林以自己的卓越贡献，揭穿了雷电的神话。他还根据这一原理发明了避雷针，在建筑和生产中得到了广泛的应用。

碰倒纺车所想到的

1765 年的一天早晨，英国人哈格里夫斯早早起来帮妻子珍妮笨手笨脚地纺起纱来，他几乎天天想着如何对笨拙的纺纱机进行改革。

"亲爱的，吃饭吧。"妻子珍妮叫丈夫吃饭。

哈格里夫斯因久坐没有站稳，一个踉跄碰倒了纺车。纺车上的纺锤从水平状态变为垂直状态，仍骨碌碌地转动着。哈格里夫斯看后兴奋地说："珍妮，你看，纺锤立着也能转动！这太好了！"他观察了一会儿说："如果在一个框子里并排立几个纺锤，用一个纺轮带动它们同时转动，不就可以同时纺出几根棉线来吗？这要提高多大效率呀？"

哈格里夫斯经过多次实验，终于做了个立式纺车，在框子里安了 8 个纺锤，一次能纺出 8 根线来，效率一下子提高 8 倍。这一发明被恩格斯高度评价为：这是在根本上改变英国工人状态的第一个发明。1770 年，哈格里夫斯获得该纺纱机的专利权。

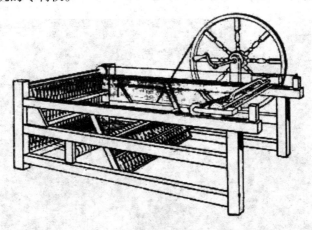

珍妮纺纱机

小车引起的思考

有一天，英国科学家牛顿看到一个人推着四轮车在前面走。他用力一推小车，便撒手往前走一段距离；等小车停下来后，他再推一下。如此反复着。牛顿感到很有意思，跟着人家走了很长一段距离。

手不推小车了，运动着的小车仍没有停下来，而是自己跑一段距离。这时，牛顿忽然想起了2000多年前大科学家亚里士多德的结论："推一个物体的力不再去推时，原来运动的物体便静止下来。"这不是矛盾吗？

牛顿通过研究，做出了这样的假设：假如路很平滑，小车轴没有摩擦，小车用力一推，不就一直走下去了吗？相反，一辆停着的小车，不去推它，就会永远不动。

牛顿通过大量的实验证明："任何物体，只要没有外力改变它的状态，便会永远保持静止状态或匀速直线运动状态。"

这就是大名鼎鼎的"牛顿第一运动定律"。他于1687年发现了这一定律。

苹果落地引出的万有引力定律

300 多年前的一天，英国著名的科学家牛顿和他的好朋友史特克莱到花园里散步，他们走到一棵苹果树旁坐下休息。忽然，一个大苹果从树上落下正打在牛顿的脑袋上。牛顿一愣，陷入了沉思："苹果为什么不飞向天空，不飞向两旁，偏偏要垂直向下落呢？为什么向上抛的物体最终还是要向下落？大概地球有某种吸引力吧？"

牛顿对这个问题很感兴趣，就同史特克莱探讨起来。随后他回到实验室认真研究起来，几经实验他终于发现了问题。他说："看来，宇宙中的一切物体之间，都存在着一种相互吸引的作用力，我们管它叫做'万有引力'吧。"他继续努力，最终发现了万有引力定律。

红外线的发现

1800 年的一天早晨，年过花甲的英国天文学家赫歇尔通过桌上的一块三棱镜，正在欣赏太阳光透过它形成的七色彩带。

忽然，他想："阳光带有热，可是组成太阳光的七种单色光中，哪一种携带的热最多呢？"他灵机一动："如果测得了每种光的温度，不就知道了吗？"

赫歇尔在实验室墙上贴上一张白纸，并让七色光带照在纸屏上。在光带红、橙、黄、绿、蓝、靛、紫以及红光区外和紫光区外的位置上各挂一支温度计。他发现绿光区的温度上升了3℃，紫光区的温度上升了2℃，紫光区外的那支温度计的读数几乎没有变化……然而令他吃惊的是，红光区外的那支温度计的读数竟上升了7℃。

赫歇尔分析认为，在红光区外一定还有某种人眼看不见的光线，而且这种光线携带的热量最多。

后来，科学界把这种看不见的光线命名为红外线，而赫歇尔也因此留名科学史册。

自动行走的船

有一天，小富尔顿和邻居大叔一起驾驶着船到河的上游找活干。他们悠闲地撑着篙，逆流而上。突然，他们遇上了湍急的水流，小船在水中打转。邻居大叔拼命地撑篙，争取向上游划。汗水湿透了他的衣服，小船艰难地移动着。

小富尔顿对大叔说："假如能够让船自动行走，不用人力撑篙，那该多好啊！"

"那好呀，大叔就等着坐你造的会行走的船。"

一转眼，富尔顿22岁了，他从美国到了英国，在那里认识了瓦特。瓦特给他讲了蒸汽机推动机器转动的有关问题，使他茅塞顿开。"蒸汽机能推动机器转动，把它安在船上，带动桨轮转动，船不就能走了吗？"

于是，他一边绘制草图，一边计算船的长短比例。经过9年孜孜不倦的研究，他终于在1807年制成了世界上第一艘蒸汽机轮船——"克莱蒙脱号"。

戴维与安全灯

1812 年，英国的一个矿井发生了瓦斯爆炸，一下子就死了 92 个矿工。当地的牧师找到科学家戴维来研究这个问题。

一天，戴维和助手在做着实验，偶然将一小片金属网通过火焰时，上半截火焰竟没有了，下半截的火焰仍在燃烧；把金属网拿走后，火焰又恢复了原来的状态。

"这是怎么回事呀？"戴维立即抓住这个问题不放，追根究底，苦苦思索，"哦，我知道了，金属的导热性强，能很快地把热量散发出去，温度降低到燃点以下，有气体也不能燃烧。"

啊！他的眼前一亮，兴奋地说："把火焰限制在一个小空间内，没有火花到外面去，瓦斯就不会爆炸。"

"哦，安全灯有了！"助手高兴地说。

就这样，他们研制了一种罩有金属网的灯。牧师毅然决然地要亲自去试一试安全灯。他提着这个灯向矿井深处走去，结果真是一种名副其实的安全灯。

"电流的磁效应"

1820年的一天，丹麦哥本哈根大学的物理学教授奥斯特正在给学生上电学实验课。只见他用导线连接伏打电堆的两端，又把磁针悬挂在导线上。

"瞧，磁针转动了，偏离了南北极！"一位名叫玛尔格蕾特的女学生惊奇地说。这一偶然现象，令奥斯特教授兴奋不已。

奥斯特用许多伏打电堆做成了一个很大的"电流影响磁针偏转的实验装置"。他决定改变一下导线和磁针的方向，变相互交叉成直角为平行并排放着。他把导线转了90°角，让它和磁针平行，成南北方向。就在接通电源的一瞬间，磁针迅速转动起来，从南北指向转为东西指向，轻轻晃动了两下后停下来。当切断电源后，磁针又恢复到原来的南北指向。

这次实验，证明电流确实能对磁针发生作用。在这个基础上，奥斯特发表了他著名的论文《论磁针的电流撞击实验》，他将这一实验现象称为"电流的磁效应"。为了纪念奥斯特，磁场强度的单位以"奥斯特"命名。

安培定律的发现

1820 年 7 月 21 日，丹麦物理学家奥斯特公开发表了题为《论磁针的电流撞击实验》的论文，向科学界宣布了电流的磁效应。

这如同一阵春风，吹进了法国科学院院士安培的心田。在奥斯特的启发下，安培心想："这里应该大有学问，应该把它作为研究的方向。"于是，他就着手研究两根导线中的电流关系。

安培用不同的电源和导线反复进行实验：有时把导线折成方框后通上电流，有时又把导线对折再通上电流。他以精巧的实验和高超的数学技巧相结合，总结出了右手定则以及判断磁场对电流作用力的左手定则。1820 年年底，安培又做了许多实验，总结出电流元之间作用

安培及安培研究"电流对电流的相互作用"的实验装置

力的定律，描述两电流之间的相互作用同两电流元的大小、间距以及相对取向之间的关系。后来，这个定律被称为安培定律。为了纪念安培，人们把电流强度的单位以"安培"命名。

蒸汽机车的发明

斯蒂芬孙 14 岁就到英国一家煤矿工作，没过几年就成了技术能手。

一天，一辆运煤马车突然坏了，十几辆马车被堵在那里。煤矿把头狠狠地把赶马车的小伙子训斥了一顿。斯蒂芬孙急忙帮小伙子把马车修好了。

这件事对心地善良的斯蒂芬孙触动很大。这天，他坐在机器旁，看着旋转的机器轮子，脑海里那个马车的轮子居然跟着转动了起来。这时，他产生了一个大胆的设想："能不能用蒸汽机带动车轮转动，制造出蒸汽机车呢？"

斯蒂芬孙开始了艰难的实验。他按照修理的一台旧蒸汽机的大小和轮子转动情况，设计制作车盘、车轮，进行组合、安装。经过反复的实验，终于使蒸汽机带动车轮转动了，但在地上会陷在泥土里。

后来，他又铺上了木制的轨道，蒸汽机车于 1814 年问世了，但还有噪声大、震动大等问题。

斯蒂芬孙并不满足已有的成就，他坚持不懈地对蒸汽机车进行改进，并把木轨改为铁轨。历时 11 年的时间，他在 1825 年制成了世界上第一辆蒸汽机车——"旅行号"。

布朗运动

布朗是英国著名的植物学家，他热衷于植物花粉的研究。他把植物成熟花粉囊里的花粉浸到水里，然后放在显微镜下观察。

1827 年的一天，他在显微镜下看到了一个非常奇特的现象：那些花粉微粒都在颤动。

"哦，这是怎么回事呀？"布朗自言自语，"是水在颤动？"

后来，他经过仔细观察，终于发现这种颤动似乎是来源于微粒本身。

为了证明这个问题，他把尘埃、煤炭粉末、树脂微粒等无生命的物质放在水中，观察它们的运动。他索性把钟乳石、火山灰、石棉等也研成粉末，放在水中观察。"哈哈！它们也都在运动！"

于是，他得出结论：一切微小的物体放在水中，都在做无规则的运动。

后来，人们把这种自然现象叫做"布朗运动"。

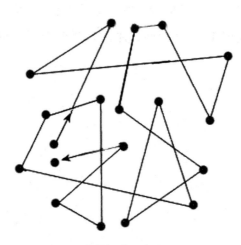

布朗运动示意图

磁转化为电

1831 年的一天晚上，英国物理学家法拉第读到丹麦物理学家奥斯特的一篇文章，说他偶然发现，一段导线用电池通上电流，能使附近的小磁针摆动。这使法拉第喜出望外，立即找来电池、导线、磁针就做起实验来。

哈哈！导线下面的小磁针还真的转动起来。高兴的法拉第反过来一想："能不能把磁转化为电呢？"

后来，他把铜丝缠在圆筒上，把铜线的两端接在电流计上，把一根磁石插入筒内，哇！在刚插入的一瞬间，电流计的指针竟转动了。

"成功了！电流产生了！"他高兴得竟如同孩子似的跳了起来。

后来，法拉第根据自己的发现，反复实验终于制成了世界上第一台发电机。

"场"和"线"的转变

著名物理学家牛顿曾说过："空间除了粒子以外什么也没有，没有粒子的地方是一无所有的真空。"由于牛顿的权威地位，这种说法很流行。

"这是真的吗？"19世纪初，英国物理学家法拉第对牛顿的说法产生了怀疑。他认为："物质到处存在，没有不被物质占据的真空。"法拉第为了找到证据，找呀，找呀，找了十多年，终于在1831年发现了电磁感应现象。

法拉第在一块磁铁周围撒了一把铁屑，铁屑就会形成一条条曲线。这是因为铁屑在磁场周围被磁化，变成了无数个小磁针。小磁针所形成的曲线叫磁感线。

磁铁周围的力线——磁感线证实了以磁场为代表的"场"的存在，"场"是物质存在的两种基本形态之一。"场"是"力线"存在的前提和基础；"力线"是"场"存在的标志和证据。

"场"和"力线"概念的创立，几乎遭受了所有物理学家的反对，但最后经过时间的考验，还是被接受，从而否定了牛顿的说法。

电报的发明

1832 年秋天，美国画家莫尔斯和医生杰克逊同乘一艘轮船从法国回美国。一天，杰克逊正在船上讲他在巴黎出席电学讨论会的事，他充满信心地预言："我们面临的是创造电的奇迹的时代。"

他在桌子上放了一块马蹄形铁块，上面缠绕着绝缘的铜丝。一通电，那块马蹄形铁块就能吸引铁钉、铁片；一断电，铁钉、铁片立即就掉下来。真是神奇极了。

莫尔斯想："电流通电后，能够产生磁力，如果利用电流的断续，编成一种符号，不就是一种很好的通讯工具吗？利用电传播快的特点，把这两者结合起来，一定能发明出极为理想的通讯工具。"

莫尔斯做了大量实验，如何利用神奇的电流呢？他想："接通电流的刹那间就会产生电火花；电火花就是一种符号；没有电火花就是另一种符号；时间间隔又是一种符号；用这三种符号结合起来可代表不同的符号或字母，这就是一种电码。"莫尔斯根据这个道理终于发明了有线电报机，并编制了电报使用的莫尔斯电码。

焦耳定律

焦耳是 19 世纪一位自学成才的英国物理学家。在一次实验中，焦耳发现，把金属丝放在水里，水就会发热。他想："电和热可不可以转化呢？"

为了搞清楚这个问题，他进行了多次实验，并通过精细的测量，1841 年，年仅 22 岁的焦耳得出了后来举世闻名的焦耳定律，并在 1 年后被俄国物理学家楞次的大量实验结果进一步所证实。但一些权威对他不屑一顾。

自学成才的人有着坚强的意志，焦耳毫不气馁，继续进行着实验。

一次，焦耳参加了一个学术会议，他在会上宣读："自然界的能量是不会毁灭的，哪里消耗了机械能，总能得到相当的热。"人们面对他的是冷嘲热讽。他相信真理总会被承认的。

焦耳锲而不舍，继续研究着，1847 年，他设计了一个非常精巧的实验，测出了比较准确的热功当量的平均数值，该数值和现在所测的数值相差无几，这在当时是非常难得的。热功当量的测定，为最终建立能量转换和守恒定律作出了巨大的贡献。

光的速度有多大

伽利略曾提出过这样的设想：找两个人，站在相距 1.5 千米的山头上，每个人手中提着一盏信号灯。点亮灯后，都盖住灯光，相互注视着。甲先打开盖，灯光射到对面山上，乙看到信号后，也马上打开盖，把信号传回来。伽利略想，只要测出信号来回一趟的时间，就可以测出光的速度。

1849 年，法国物理学家斐索也对测光速产生了兴趣。他分析了伽利略的设计方法，认为很有道理。只是他对伽利略的设计进行了改进，他使用齿轮来代替原来的甲，用镜子代替原来的乙，两个山头之间的距离增加到 7 千米。

测量的时候，齿轮开始旋转，灯光从两个齿之间射出，射到镜子上，镜子迅速把光线反射回来，传到两个齿之间。这样，根据齿轮的转速就可以算出光速。

就这样，斐索巧妙地测出了光的速度为每秒 315 000 千米，这与现代测出的光速已经很接近了。

来自智慧的灯光

1858 年的一天傍晚，美国 11 岁少年爱迪生的妈妈因患急性阑尾炎要立即动手术。等手术前的准备工作做好后，由于天色已晚，整个屋子变得模糊起来。懂事的爱迪生急忙点亮了家中惟一的一盏煤油灯。

"要是让屋子一下子亮起来该有多好啊！"小爱迪生望着窗外渐渐暗淡下来的天色。忽然，他想起了白天和小朋友一块玩破镜子的情景。他们拿着镜片照来照去，反射出的阳光，在墙上不停地晃动，连黑暗的角落都照得透亮，照得大家睁不开眼睛。想到这里，他灵机一动，说："医生叔叔，有办法了。"说着转身跑了出去。

不一会儿，小爱迪生从邻居的一家店铺借来了四面大穿衣镜，几盏煤油灯，叫几个小伙伴帮着拿来。他将镜子放在床的四周，每个镜子前面放一盏煤油灯并挨个调整好，使四面镜子反射出的灯光聚集在一起，顿时把个"手术室"照得亮堂堂的。最后手术十分成功。

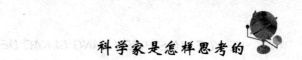

来自眼镜片上光的启发

1858 年，英国和法国在多佛尔海峡之间要铺设海底电缆。但电缆终端的信号太弱，现有的电报机很难收到。英国科学家汤姆生决定研制高灵敏度电报机。

他的研究几乎毫无进展，于是他决定找几个朋友，雇一条船游玩散心。船要起锚的时候，赫尔姆霍斯发现汤姆生正躲在船舱里画图纸。赫尔姆霍斯就取出眼镜放在太阳光下，把太阳光反射到汤姆生的脸上。

汤姆生觉得脸上有亮点在晃动，抬起头来，看见赫尔姆霍斯站在甲板上。忽然，他凝视着赫尔姆霍斯手中的镜片，狂喜起来："哈哈！赫尔姆霍斯，谢谢你！"

原来，汤姆生正在对电报机的设计图进行修改，正当他感到很难实现信号放大时，赫尔姆霍斯手中的镜片给了他很大的启发。"镜片只要在手里稍微移动一点，远处的光点就会大幅度地跳动，这不就是放大吗？"

汤姆生根据这个原理，发明了"镜式电流计电报机"，从而扫除了铺设海底电缆中最大的技术障碍。

汽笛竟可发电报

　　1863 年夏季的一天，人们在焦急地议论："这可怎么办呀？"16 岁的爱迪生挎着一个大篮子到火车站去卖报，听到人们的议论，终于知道了当时的处境：大水淹没了航标，船只无法来往；电报线也被冲断了，消息无法发出去。

　　爱迪生身处困境自然也在想办法。他望着茫茫一片水域，心想："用什么方法能使外界的人知道我们现在的处境来救援我们呢？"

　　爱迪生当时正利用卖完报的空闲时间跟着一个叫麦肯基的师傅学电报，他想："如果有电报我也可以发呀，可现在什么都没有。"

　　忽然，一声强有力的火车汽笛声划破阴沉的长空，他突然灵机一动，智慧的火花碰撞出了一个绝妙的好办法来。于是，他马上去说服火车司机，请火车司机用汽笛声的长短变化来组成字母发了一份"汽笛电报"，同外界取得了联系，从而使休伦埠及早得到了营救。

因车祸引起的发明

1861 年的美国，夏季的一天。一辆马车在铁路叉口横穿马路，奔驰而来的火车虽然来了个紧急刹车，只听"哐"的一声，一场车祸还是发生了。火车上的乘客纷纷下来，责问司机："难道不能快一点刹住火车吗？"

"我无能为力呀，谁有那么大的力气一下子把闸拉死啊！"司机一脸无奈。

"火车既然是人造的，就应有办法让它快速停下来。"坐在火车上的一个名叫维什廷豪斯的美国小伙子发出这样的感叹。回家他就写呀、画呀，想设计一个刹车器，但一直没有成功。

一天，他看到一份报纸报道，瑞士铁路施工用压缩空气开凿大隧道，他顿时豁然开朗。经过几年不懈的努力，他终于在 1868 年制造出世界上第一台用脚踏的压缩空气制动器。

内燃机的诞生

1862 年，法国科学家德罗夏构思出比较完善的内燃机方案，但是他只是一个理论家，是纸上谈"机"。德国青年奥托是个机械爱好者，他从报纸上看到了德罗夏设计内燃机的报道，心想："如何使蒸汽机的效率高一些，体积小一些呢？"要克服蒸汽机的缺点，就要解决锅炉与汽缸分离的问题。"怎样使锅炉与汽缸合二为一？如何在汽缸内燃烧？如何改进燃料？"这些都是未知数。

奥托有股拼劲，他在前人研究成果的基础上，决定改煤为煤气作燃料，将锅炉与汽缸合二为一，让煤气在汽缸内点火燃烧。

他缺乏机械技术，就边学边干；零部件加工得不合格，他就重新再来。实验，失败；再实验，再失败。他的可贵之处是从不气馁，不断分析失败的原因，总结经验教训。奥托在实验室埋头苦干，加工，调试，安装……经过九个春夏秋冬的辛勤付出，终于如愿以偿。

1876 年，奥托终于发明了四冲程内燃机。

如何提高燃油效率

早期的内燃机，由于汽油燃烧得不充分，使得机器的效率很低。"如何来提高内燃机的效率呢？"美国工程师杜里埃提出了一种新的设想，"把燃料和空气均匀地混合，促使燃料充分燃烧，以提高效率。但怎么均匀混合呢？"他心里没有数，感到束手无策。

一天早上，杜里埃看到妻子在化妆的时候，拿起香水瓶，一按按钮，"吱"的一声，香水变成了雾状喷洒出来，并弥漫在空气中。"哈哈，如果把像香水一样的汽油变成雾状，不就可以把空气和燃料混合均匀了吗？"杜里埃及时抓住了这一闪即逝的想法，并进行了实验，他以妻子的香水喷洒器为原型，仔细研究它的结构原理，按照内燃机的特殊要求，终于发明出了汽油汽化器，从而大大提高了内燃机的效率。

燃油节能技术的发明

"要使油料燃烧得充分，就必须使油料和空气混合得非常均匀。如何进行操作呢？"这个问题困扰着科学家伊凡诺夫，他长期冥思苦想，也没有得到解决。

一次，伊凡诺夫看到妻子往锅里倒豆油，锅里的油噼噼啪啪地炸开了，四射的油滴还溅到了妻子的手上。面对这种现象伊凡诺夫想："豆油里夹杂着小部分水分，油和水的沸点不同，一个 300 多摄氏度，一个 100 摄氏度，油里的水先沸腾汽化，温度压力逐渐增加，到足以克服外界的阻力时就会迸射出来。"继而他又判断："在这种爆发力的作用下，油滴会迸裂成微粒，被水汽夹带出来。"为了证明这个问题，他又做了一个实验，果然是这样。

"啊，这种现象不是可用在燃油技术上吗？"伊凡诺夫被这种现象所启发，设想把油料中也掺入适量的水，在加热过程中把油滴迸裂成微粒，这样油和空气就会混合得非常均匀，燃烧非常充分。后来，他成功发明了燃油节能技术。

贝尔与电话机

美国发明家贝尔在一次实验中，偶然发现当接通电路或切断时，螺旋线圈就会发出轻微的沙沙声。于是，他就产生了一个想法："既然空气能使薄膜振动发出声音，那么如果用电使薄膜振动，能不能使人的声音通过电流传送出去呀？"

为了研究这个问题，贝尔请来18岁的电学技师沃森一起合作设计。他们在一端的仪器前喊话，声音通过金属振动板振动，使线圈产生电流，电流沿着电线传送到另一端仪器上的线圈中，线圈产生磁力吸引振动板，振动板振动空气，从而发出声音。

又经过两年的时间，他制造出了一台样机。

1876年6月，贝尔他们架好电线，样机的一端在贝尔的实验室，电线穿过好几个房间将另一端接到沃森的面前。贝尔在整理机器的时候，不小心把硫酸溅到了腿上，急得叫了起来："沃森，快来呀，我需要你。"

沃森从电线的另一端的样机里听到了呼叫。他欣喜地跑到贝尔的房间，互相拥抱，他们成功了！

修理电话引起的发明

有一天，爱迪生在实验室里修理一台电话机，因他听力不好，就用一根短针来检验传话膜片的振动情况。意想不到的是，当他手里的短针刚接触到膜片后，发生了一个奇怪的现象：随着说话声音的强弱，短针也发生了有规律的颤动。

"哎，这是怎么回事呀？"这一偶发现象，爱迪生抓住不放，"如果反过来，先让短针颤动，不就可以复原出声音来吗？"他经过几天几夜的思索和实验，得出了这样一个结论："用一块带针的膜片，针尖对准急速旋转的蜡纸，声音的振动就非常清楚地划在蜡纸上了。实验证明，只要把人的声音储存起来，什么时候需要就什么时候放出来，是完全可以做到的。"

爱迪生和助手经过几年的努力，终于在1877年发明了留声机。现代的录音机可以说是留声机的后代。

一分钟胜过两小时

美国大发明家爱迪生有一个叫阿普顿的助手，毕业于普林斯顿大学数学系，有着扎实的数学知识。1878 年的一天，爱迪生让阿普顿测一只灯泡的体积。凭借着阿普顿深厚的数学功底，计算一下灯泡的体积是"小菜一碟"。

阿普顿找来纸，用尺量了灯泡的尺寸，画出了立体图，列出了一大堆数学公式和符号。

时间在阿普顿的计算过程中不断流逝。一个小时过去了，他只计算了一半，公式和符号写得密密麻麻；又一个小时过去了，阿普顿还没有算完。

这时，爱迪生着急了："何必那么麻烦呀？"他把一个大量杯装上水，记下刻度。然后，他把灯泡放在量杯中，再记下水上升的刻度。两者一减，就算出了灯泡的体积。整个过程耗时还不到一分钟。而阿普顿用去了十多张 16 开的纸，还没有算出来。

电灯的发明

　　爱迪生从无数次实验中总结出，要发明电灯必须解决两个问题：一是要解决灯丝很快被氧化的问题；二是需要有合适的材料作灯丝，通电后既能发光又能耐高温。为解决第一个问题，他从大学借来抽气机，很快解决了灯泡的真空问题。

　　理想的灯丝又在哪里呢？一天傍晚，爱迪生看到桌上放着一堆从煤油灯罩上刮下来的烟灰，他随手拿起搓成了一根柔软的细线。他眼睛一亮："如果将棉丝炭化，不就可以弯成灯丝吗？"

　　他让助手马上取来棉丝实验，灯泡发出了金黄色的光辉。他深受鼓舞，此后用了13个月进行艰苦研究，经过了7 000多次实验，终于有了突破性进展。1879年10月21日，他研制出的灯泡足足亮了45个小时。

　　他又继续实验，用炭化的竹丝做灯丝，灯泡可亮1 200个小时。

原始的空气调节机

1881 年 7 月的一天，美国总统加菲尔德在华盛顿遭到暗杀，伤势非常严重。他虚弱地在床上呻吟着。

这一年又是美国历史上罕见的高温。高温下伤口很可能感染。怎么来降温呢？

于是，医院院长把降温的任务交给了请来的矿山技术员多西。多西是一位有经验的技术员，他多年来懂得怎样向坑道内输送新鲜空气。多西反复琢磨着：空气一经压缩就会放出热量来，这种热量必须用水来冷却。反过来，如果把压缩空气还原，不是就可以吸收热量吗？室内温度不就降低了吗？

"哈哈！有道理。"多西想到这里，马上行动起来。在医院里装上一个大发动机，用压缩机处理空气，并且把一根吸热的管子接到总统的病房里。机器一开动，被压缩的空气流到了病房；当它还原的时候，吸收了病房中的热量，使室温很快从 30℃ 下降到 25℃。多西因此发明了原始的空气调节机。后来，经过反复的改进，空调为人类的文明生活带来了福音。

冷静带来的灵感

1882 年，爱迪生和助手们开办了一个发电所。起初让用户免费使用 3 个月，但只有 200 多家用。"这是为什么呢？"爱迪生感到不解。

后来查明，原来是当时采用串联方式供电，只要一家出故障，就会株连各家，造成一片黑暗。供电时间也是统一供给，十分不便。

为了检查电路，发电所的人常常累得筋疲力尽，满腹牢骚。但爱迪生却很冷静。他在办公室里分析起煤气灯的优点来：煤气由总管道分流到许多支管里，再进入用户，随时可以使用。即使某一家出了故障，也不会影响其他用户。

爱迪生眼前豁然开朗："电流不也可从干路分到支路上去吗？由支路进入用户，各家各自安装电灯和开关。这样不就克服致命的弱点了吗？"

于是，他马上计算和试验，终于把电路由串联改为并联。紧接着，他又研制出接线盒、保险丝等一系列配件，使供电方式日臻完善。

传真通讯的先驱

1883 年，德国大学生尼普科夫对传真通讯产生了极大的兴趣。"怎么能把图像用电信号从一个地方传到另一个地方呢？"他几乎每天都在思考这个问题。

一天，他看到两个同学在做游戏：一个人在小方格纸上写着一个 G，这个字母覆盖着许多小方格子，作为发送方；另一个人手里是一张空白的小方格纸，作为接收方。发送方按照一个小方格是白还是黑念给对方听，接收方听到第几格是黑的，就用铅笔涂黑。当发送方念完时，接收方的纸上出现了和发送方相同的字母。

"哈哈，原来不论是图片还是照片，都可以分解成许多密密麻麻的黑点子。"尼普科夫看后颇受启发，"如果用一定的科学手段，把所有的黑点子变成电信号传送出去，接收方就有可能得到和发送方一样的传真图像了。"

尼普科夫在这一思维的指导下，经过多次实验研究，终于在 1884 年成功地发明了"尼普科夫圆盘"，为传真通讯开辟了道路。

本茨是这样发明汽油机的

1878 年，本茨制成了使用煤气的燃气机。接着，他想把燃气机安装在车辆上，只是装置很大，无法安装。

一天，他听说有人用汽油清除衣服上的油污时，使满屋充满了汽油味，当火苗接触到这些弥漫的汽油时，汽油发生了爆炸。他想："既然汽油能发生爆炸，有那么大威力，可不可以用汽油代替煤气呢？这样就会使汽油机的体积和质量变小，利于安装。"

在这之前，一位法国人曾制造过汽油机，只是力量不大。本茨分析了效率不佳的原因，并进行实验，不断改变混杂在汽油里的空气比例，分析着爆炸的强度。他终于发现：当使压缩空气的密度增加时，爆炸力就会增强。在这个基础上，他制成了体积小、力量大的汽油机，并于 1886 年发明了单缸汽油机 3 轮汽车，车本身重 254 千克，功率为 0.85 马力。

电波环检波器

1886 年秋的一天，德国物理学家赫兹正在实验室里做实验。他把铜球和光滑的铜杆连成铜球杆，把两条光滑的铜球杆各自系在锌板上，又把铜球杆接触用线圈缠成的感应圈的两端。当锌片通电时，两个铜球自然靠近起来，并且冒出微弱的小火花。

"这些小火花中是否含有电磁波呢？"赫兹抓住这一思维的闪光，要检验电磁波是否存在。赫兹经过反复实验，发明了一种叫电波环的仪器。

检验开始了，实验室拉上了窗帘，室内一片黑暗。长桌上摆着电波环，不远处摆放着莱顿瓶。赫兹合上开关，莱顿瓶开始放电。只要电波环和莱顿瓶放置的位置合适，电波环的两个小球间就有电火花闪现，并发出"噼噼啪啪"的声响。这正是莱顿瓶放电时辐射的电磁波在电波环上发出的电火花。

实验成功了！这是赫兹用极其简单的仪器，第一次检测到的电磁波，也是人类第一次有意识地检测到的无电线信号。

赫兹与电磁波

赫兹用实验证明了电磁波存在后，就着手研究起电磁波的性质来。此前，英国著名电磁学家麦克斯韦曾预言：电磁振荡波可以折射和反射，具有波的一切属性。

现在，赫兹想证明电磁波是不是像光一样，具有反射功能。他做了很多次实验，但是都没有成功。

"怎么来证明这个问题呢?" 赫兹在反复思考这个问题。

哈哈! 新的思路诞生了! 经过调谐电磁辐射源的内部要素，加大每秒钟振荡次数，赫兹终于证明了电磁波具有光一样的反射功能。

后来，赫兹又悉心研究了电磁波的折射、干涉、偏振和衍射等现象，于 1887 年发表了电磁波的发生和接收的实验论文，以无可辩驳的实验事实验证了麦克斯韦关于光是一种电磁波的理论。

后人为了纪念他的卓越贡献，把频率的单位定为"赫兹"。

"电波征服了地球"

马可尼在意大利波隆那大学读书时，在杂志上看到了几篇介绍德国物理学家赫兹实验的文章。他感到电磁波的发现，打开了电学的一扇窗。于是，他在著名电学家李奇教授的指导下，学习了许多电学方面的知识，并做了一些电磁实验。

马可尼通过实验敏锐地意识到："能不能利用电磁波向远距离发送信号？比如用它给海上的船只传送信息，这样就使有线电报完成不了的许多通讯有了可能。"

在这个思路的支配下，马可尼经过不懈努力，进行这方面的实验，终于成功地发明了一种无线电装置，1896 年 6 月在英国演示实验并获得专利权。1898 年马可尼第一次发射了无线电，次年使无线电信号穿过了英吉利海峡。

1901 年 12 月，他又使无线电信号成功地横穿了大西洋，越过 3 200 千米的距离，在世界上引起了震动，被称为"电波征服了地球"。意大利的马可尼也因此和俄国物理学家波波夫一起被公认为"无线电之父"。

对付受贿引出的发明

斯特罗格是美国堪萨斯州的一家棺材店的老板。他本来一直生意红火，但后来生意突然不景气了。"这是什么原因呢?"几经调查发现，原来是当地电话局的一位话务员小姐，收受了另一家棺材店老板的贿赂，把与他联系的电话都转到了另一家棺材店里去了。

斯特罗格十分生气，他想："如果能用机器来代替人工接线就好了。"于是，他把全部精力投入到了发明不用人工接线的自动电话机上。

缺少研究经费，他就变卖家产。经过反复的研究和试验，终于发明了世界上第一台自动交换电话机和电话交换系统。后来几经改进，他于1891年3月10日取得了直拨电话机专利。

在摆弄缝纫机的瞬间

在 19 世纪末，许多人都在研究人物能够活动的"活动电影机"，但被一个技术问题卡住了：这就是要使形象清晰地投射到银幕上，比如让影片做一动一停的间歇运动。"怎么来解决这个技术问题呢？"

法国科学家卢米埃尔兄弟苦苦思索着这个问题，但一次次试验都失败了。

有一天，弟弟路易·卢米埃尔用了整整一天时间来思考电影的这个技术问题。夜已经深了，他丝毫没有睡意，就心灰意懒地在房间里摆弄起缝纫机来。就在他摆弄缝纫机的一瞬间，突然一切都明白了：当缝纫机缝衣服时，衣料在做一动一停的间歇运动，这和放映电影时的运动是很类似的。想到这里，他连夜动手设计了活动电影机的草图。

就这样，卢米埃尔兄弟按照这个思路，解决了电影机器中的技术难题。

1895 年 12 月 28 日，卢米埃尔兄弟的活动电影在巴黎咖啡馆首次放映，获得成功。

特技摄影

乔治·梅里爱是世界电影的先驱，他在拍摄电影之前曾经以变魔术及制造木偶和演出木偶戏为职业。19 世纪末的一天，在放映从巴黎剧场拍摄的影片时，银幕上出现了一辆行驶的公共马车。突然，这辆马车变成了灵柩车。

"哎，这是怎么回事呀？"乔治·梅里爱感到奇怪，"好端端的一辆公共马车，怎么会变成灵柩车呢？"

他急忙仔细检查起来。问题找到了，原来，在拍摄影片时电影胶片被挂住了，而在当时摄影机仍在继续运动，等胶片处理好后继续拍摄时，运灵柩的马车正好来到了公共马车的地方，就把它拍摄在镜头里了。

"哈哈！这不是特技摄影吗？"乔治·梅里爱从这偶然的现象中受到启发，开始尝试把舞台上的特技变成银幕上的特技。经过反复研究和试验，十分成功。于是，他也摇身一变，成了银幕上的特技专家了。

伦琴射线的由来

1895 年的一天深夜，德国物理学家伦琴把一个克鲁克斯管放在纸盒里，又把纸盒放进暗室里。当他给克鲁克斯管通电时，纸盒外面的一块荧光屏忽然出现了光亮。"这阴极射线是不可能穿透纸盒的，是不是有一种新的射线呀？"

这时，妻子来实验室看他。"亲爱的，我认为这是一种新的射线。"伦琴对妻子说。

"我看一看好吗？"妻子央求他。

"好的，不过，你要帮我一下，"伦琴说，"请你把手拿着荧光屏，逐渐向后退，我们一起测一下新射线能射出多远？"

"啊！"妻子发出了一声尖叫。

"亲爱的，怎么啦？"伦琴惊奇地问。

"你快看我的手。"妻子惊魂未定。原来，荧光屏上出现了妻子手部的骨骼。

"奇迹，真是奇迹！"伦琴如同发现了新大陆。就这样，伦琴发现了 X 射线，他也因此在 1901 年成为第一个被授予诺贝尔物理学奖的科学家。

底片曝光引起的发现

1896 年的一天，天气雨蒙蒙的。法国物理学家贝克勒尔认为没有光不能做实验了，就把用黑纸包好的几张底片和铀盐一起放进了暗室的抽屉里，顺手压上了一把钥匙。

4 天过去了，太阳露出了笑脸。贝克勒尔到暗室里取出底片一看，一下子就惊呆了：底片曝光了，在一张照片上还有那把钥匙的影子。

"这是怎么回事呀？"贝克勒尔反复分析着，"难道铀盐在没有阳光的情况下，也能发出穿透黑纸的射线，使底片感光吗？"

贝克勒尔抓住这个偶然发生的现象，认为这是一种新的射线，就进行了认真的研究，他对铀盐进行了分析，终于发现，只要化合物里有铀，就会自动发出一种强烈的射线。

"哈哈！这是一种天然射线！"贝克勒尔恍然大悟。于是，他把这种射线叫做"铀射线"。就这样，他发现了放射性现象。1903 年，他与居里夫妇共同获得诺贝尔物理学奖。

大胆的直觉

贝克勒尔发现铀能发射射线，这引起了法国物理学家居里夫人的极大兴趣。

她对门捷列夫周期表上的元素逐一进行实验，没有过多久，她就发现了一种叫做钍的元素也能发射与铀射线类似的射线。居里夫人敏锐地意识到，这种现象决不只是铀和钍的特性，别的元素也可能有，于是把它称作"放射性"。

后来，她继续做实验，发现沥青铀矿中还存在着比铀和钍更强的放射现象。她又大胆做出推测：这种铀矿中含有一种比铀和钍的放射性强得多的未知元素。

居里夫人的发现吸引了丈夫的注意力，在他们的共同努力下，1898 年 7 月，他们分离出一种比纯铀放射性要强 400 倍的新元素，为了纪念居里夫人的祖国——波兰，新元素被命名为钋。

不久，居里夫妇又宣布发现了一种比钋的放射性更强的新元素，并将它命名为镭。经过整整 4 年的艰苦努力，1902 年，他们终于从几十吨的矿渣中提取出了 0.1 克的镭盐，并准确地测定了镭的原子量。

潜艇稳定方案的诞生

美国人西蒙·莱克经过反复实验，终于发明了潜艇——"小亚尔吉水手"号。不过潜艇潜水不稳。"怎么来解决这个问题呢？"西蒙·莱克时刻在想。

有一次，他应邀和几个好朋友一起去海滨野餐，饭饱酒足，可是还有几瓶酒没有喝完。有个小伙子说："我们进行扔酒瓶比赛，谁扔得远，我们就为谁鼓掌。怎么样？"

"好！"他的话立即得到了大家的响应。

一个装有紫红色葡萄酒的瓶子被扔向了大海，顿时沉入海底。有个瘦子耍了一个心眼，他偷偷把酒倒出一半投了出去，当然，是他投得最远。但酒瓶露着长脖子悬浮在水里，在东摇西晃。西蒙·莱克看到不沉的瓶子，沉思起来。他立即联想起"小亚尔吉水手"号来。

西蒙·莱克从不沉的瓶子中受到启示：只要增加潜艇上部的浮力，潜艇就不会翻倒。"小亚尔吉水手"号在1897年就按照这个思路改造成功。

坚持真理的卢瑟福

法国著名科学家居里夫妇发现了镭后，物理学家卢瑟福也非常关注放射性问题。他生于新西兰，后来在英国定居。他做了大量相关的实验。在研究镭射线的同时，卢瑟福也揭开了 X 射线的秘密，发现 X 射线和镭射线一样，都是一种穿透力较强的中性射线。

不久，卢瑟福又在居里夫妇等科学家的研究成果的基础上，受到启发，并进行了长期而周密的实验，1902 年，卢瑟福得出了一个结论：放射性物质是不稳定的，它通过发射某种射线进行衰变，由一种元素向另一种元素转变，直到变成一种稳定的元素为止。

这就是有名的原子衰变理论。当时不被人们所接受，但卢瑟福坚持自己的理论，几年后终于得到了科学家们的肯定。卢瑟福也因此于 1908 年获得了诺贝尔化学奖。

狭义相对论是这样写成的

　　爱因斯坦是人类历史上大名鼎鼎的物理学家，1879 年生于德国。爱因斯坦从 1895 年就产生了一个想法："如果我以光速追踪一条光线，我会看到什么呀？"他一有时间就思考这个问题，但多少年来一直没有得到解决。

　　1905 年的一天早晨，爱因斯坦在起床时，突然想到：对于一个观察者来说是同时的两个事件，对别的观察者来说，就不一定是同时的。

　　"哈哈！这就是问题的突破口。"他马上意识到了这个问题的关键，并牢牢抓住了这一"灵感的闪光"。接下来，他只用了五六个星期的时间，夜以继日，奋笔疾书，便写成了狭义相对论的著名论文。

发明真空三极管

1904 年的一天，美国科学家德福雷斯特正在做真空检波实验。这时，一位朋友告诉他："英国的弗莱明博士发明真空二极管了！"

"发明了真空二极管？"德福雷斯特如同听到了晴天霹雳，"难道这几年的心血要付之东流吗？"后来，他反复研究了弗莱明的二极管，发现它确实比金属检波器好，不过只能起到检波作用，没有放大功能。"我能不能发明一种既能检波，又能放大信号的真空管呢？"他想到这里，又一头扎进实验室里。

1907 年的一天，德福雷斯特为了测试屏极距阴极远近对检波的影响，在真空二极管的灯丝和屏极之间封进了第三个电极，即一片不大的锡箔。

他惊奇地发现：在第三极上施加一个不大的信号，就会使屏极电流产生显著的相应的变化。"哈哈！这说明第三电极具有放大信号的作用！"他激动万分。

他进一步发现，用白金丝扭成网来代替锡箔，放大效果更好。

就这样，世界上第一个真空三极管诞生了！

云雾室的发明

"电子是看不见的。它在空气中经过的时候，要是能留下一条痕迹，那就等于看到了。可现在没有办法，我特别希望有个人能发明这种仪器。"英国物理学家威尔逊时刻牢记着老师汤姆生对他说的这一番话。

威尔逊经常上高山，出现在天文台中；观察空中的云。经过长期的观察，威尔逊发现，在纯净的空气中，水蒸气再多，也不会凝结成云雾。空气中必须有点尘埃，或是带电的粒子，比如电子，成为水珠的核，水蒸气才会凝结成云……

"哦，有了。汤姆生老师需要的仪器应该是这样的。"威尔逊凭着一双灵巧的手，设计了一个圆筒形的玻璃室，底部有一个活塞，迅速地向下拉活塞，玻璃筒里的空气膨胀，空气就会变冷，就会形成水珠，出现云雾。如果玻璃管里的空气是纯净的，仍不会出现云雾。这时，射入带电的粒子，立刻就会现出它们的痕迹。

1911 年，威尔逊亲眼看到了带电粒子的痕迹，从此，云雾室就成了研究原子核的有力工具。他一也因为发明云雾室于 1927 年获诺贝尔物理学奖。

"小太阳系"原子模型

原子的内部结构又是个什么样子呢？在 20 世纪初，科学界说法不一。有的说原子像台球，而英国物理学家卢瑟福的老师汤姆生认为像西瓜。

"老师的假说到底对不对呢？"卢瑟福想，假如说原子真像个西瓜，如果用比原子更小的粒子做"炮弹"来轰击它，必然很容易穿过它而笔直地前进。他决定用一种叫做"α"的粒子做"炮弹"来做一次轰击原子的实验。

卢瑟福在助手盖革和马斯登的帮助下制作了一部 α 射线侦测仪器。卢瑟福通过实验发现，情况并不是像老师说的那样。卢瑟福把原子结构模型形象地比喻为"小太阳系"："原子既不是台球，也不是西瓜，而是一个空旷的结构。它的中心有个体积极小，带阳电的核，外面绕着核转的是带阴电的电子。打个比方：原子核好比太阳，是原子的中心；电子就像行星，绕着太阳转……"

1911 年卢瑟福公开了他的研究成果。卢瑟福创立的崭新的原子结构理论具有划时代的意义，原子物理学从此诞生了！

不要光实验

一天深夜，英国著名物理学家、诺贝尔化学奖获得者卢瑟福照常到实验室去巡查。他发现一位学生还在做实验，就问："你上午在干什么？"

学生回答："在做实验。"

"下午呢？"

"做实验。"

卢瑟福不由得提高了声调："那么晚上呢？"

"也是做实验。"

学生满以为自己的回答肯定能得到老师的夸奖，不料卢瑟福非常严厉地批评他说："你整天在做实验，那么什么时间用于思考呢？"

卢瑟福实验室

菜锅护身引起的发明

1914 年第一次世界大战的炮声，撕碎了这个世界的宁静，德军无情的炮弹倾射在法军的阵地上，法军的阵地上血肉横飞。

在这灾难临头时，一个法国士兵正好在厨房里值日，铺天盖地的炮弹使他急中生智，端起一口菜锅扣在头上，就冲了出去，并奇迹般地死里逃生。

当法军的将军亚德里安到医院里慰问伤病员时，听说阵地上只有他一人生还，就问他是怎么脱险的。

"靠一口烧菜的铁锅，我把它扣在头上。"士兵痛快地回答。

"哦，一口铁锅救了一个士兵的命。"亚德里安十分感慨。

将军下令对此进行研制。军械科技人员从铁锅受到启发，认真研究，把一个大铁锅变成了一个小铁锅。就这样，没有过多久，法军每一个士兵头上都戴了一个"小铁锅"——头盔。从此，军用头盔风靡世界。

现在，建筑工人也戴头盔，以保证安全。

母子对话促成"拉曼效应"

在地中海航船的甲板上，一对母子正在谈话。

"妈妈，这个海叫什么名字呀?"

"地中海。"

"那它为什么是蓝色的呀?"

年轻的妈妈一时语塞，求助的目光落在正在倾听的印度科学家拉曼身上。拉曼告诉孩子:"海水是蓝色的，是因为它反射了天空中的蓝色。"

然而，在他告别了母子后，总觉得解释得不到位，有点对不起孩子。于是，他进行了实验，证明出了水分子对光线的散射使海水显出蓝色的机制，这与大气分子的散射太阳光而使天空呈现蓝色的道理是一样的。进而他在固体、液体和气体中，分别发现了一种普遍存在的光散射效应，这被人们称为"拉曼效应"。

就这样，1930 年，地中海轮船上那个男孩的问号，把拉曼送上了诺贝尔物理学奖的奖台。

来自笔尖下的预言

1928 年，英国物理学家狄拉克通过研究，建立了能解释电子自旋的相对论电子波动方程。在解这个方程时，竟出现了四个解，其中两个负能量的解分别与电子的负能态相对应。这一奇怪的现象，令他大惑不解，他由此提出了著名的"空穴理论"。

他的这一理论一出现，立即遭到了一些学者的攻击。在这种尴尬的情况下，狄拉克冷静思考，终于在 1931 年 9 月大胆提出："空穴"就是"反电子"。他自信地做出了存在正电子的预言，这也是人类首次由计算做出理论预言的反粒子。

1932 年，美国物理学家安德森在云室中发现了正电子的轨迹，狄拉克的光辉预言得以证实。

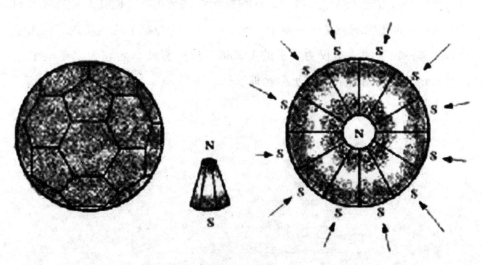

空穴理论设想

正电子的发现

美国物理学家安德森从 1930 年开始，在美国著名物理学家、诺贝尔物理学奖获得者密立根教授的指导下转向宇宙射线研究。

宇宙射线是由带电粒子构成的，它来自遥远的太空，它们的体积很小，速度十分惊人。"怎么来研究宇宙射线呢？"安德森认真思考着，他紧缩的眉头舒展开了，"可以首先给这些粒子运动的轨迹拍照；然后再对照片反映的信息进行分析。"

在实验中，安德森运用了一种设计十分巧妙的云室置于强磁场中，以记录宇宙射线的运动轨迹。他每隔 15 分钟使云室膨胀一次，并拍一次照，由于拍照的间歇很短，所以总能拍下穿过云室的射线粒子。

1932 年，安德森发现在拍过的几千张照片之中有一张照片与众不同。他如获至宝，因为这张照片反映出，这种粒子带的是正电，但并不是当时人们知道的惟一带正电的粒子——质子。他由照片中这种粒子的运动轨迹的曲率计算出这种粒子的质量仅为质子的 1/2000，安德森便命名它为"正电子"。他也因此于 1936 年获得了诺贝尔物理学奖。

次声波的发现

1932 年夏天，一艘名叫"塔依梅尔"号的探险船在放飞探空气球，以记录天气的变化。一位气象学家无意中把脸贴在气球上，感到震动得很厉害。"也许在海上放气球就是这样的吧？只是过去没有人发现而已。"他把这一现象记录了下来。

"不可能。"前苏联海洋物理学家舒来依金看到这一记录分析道，"气球振荡，可能是受到气流的冲击。看来只有气球才能感觉到这种冲击。"在研究的过程中，他发现每当气球震动一次，大海上必然会发生强烈的风暴。

"难道气球振荡和海上风暴之间有着内在联系？"舒来依金判断着，"海上风暴会产生一股强大的气流，气流在空气中会形成旋涡，导致气球震动。"

舒来依金继续研究实验，发现结果确实是这样。只不过气球振荡频率每分钟不到 20 次，人的耳朵无法听到。这就是我们现在所说的次声波。就这样，舒来依金揭开了"海洋的声音"的秘密，它可以用来预报海洋风暴的来临。

介子理论的发现

1933 年，日本物理学家汤川秀树了解到一些权威人士在核力研究方面也和自己一样遭到了失败，说明他们也走入了歧路，必须从原来设想中跳出来，换一个全新的角度来考虑问题。

经过反复研究，汤川秀树得到了一个新的结论：自然界中应该有一批比电子重 200 倍的粒子，它也可以带电，也可以不带电，正是这种粒子形成了核力。由于它的质量介于电子和质子之间，所以称为"介子"。他预言宇宙射线中应该可以发现介子。

1935 年，汤川秀树在日本发表了一篇划时代的论文，宣布了自己新的见解，这就是后来大名鼎鼎的介子理论。1947 年，英国科学家在研究宇宙射线时发现了汤川秀树预言的新粒子，命名为 π 介子。汤川秀树的理论得到了证实，他也因此获得了 1949 年诺贝尔物理学奖。

意外的发现

1935 年，英国物理学家沃森·瓦特接受了上级布置的制造"死光"的任务。所谓"死光"就是指波长很短但能致人于死地的电磁波。

当时，正处在第二次世界大战前夕，如果能用死光来消灭远距离的敌人或击毙敌方飞机上的飞行员的话，肯定在未来战争中会发挥重要的作用。

沃森·瓦特经过反复的实验之后，发现了要制造死光是不可能的。但在观察中他偶然发现，用电磁波的反射特性来探测远距离的飞机是完全可能的。他根据这个设想，继续进行研究和实验，终于发明了最早的雷达。在第二次世界大战中，雷达发挥了重要的作用。

原子反应堆

1939 年 1 月，著名物理学家费米获悉德国物理学家哈恩发现了铀核裂变现象，深受鼓舞。他想："用中子轰击铀核，铀核会分裂成两个大致相等的部分。如果铀核每次裂变放出一个以上中子，释放出的中子又将引起下一次裂变。这就有可能发生链式反应，释放出令人难以置信的巨大能量。"

费米采用当时非常先进的回旋加速器，证实了链式反应完全可行。费米高兴地说："一旦能够人为地控制铀核裂变的速度，使链式反应自动持续下去，它将在极短时间内释放出巨大的能量，人类将找到一种全新的能源！"只是中子释放速度太快，很难被铀核"俘获"，必须先找到一种减速剂，从而导致下一次核裂变。费米经过实验终于找到了理想的减速剂——纯石墨。

费米带领一批物理学家很快用石墨制成了特殊的砖块，砌起一个庞然大物，又在石墨中放入铀和控制棒。仅半个月时间，世界上第一座原子反应堆就建成了。

一把纸屑测当量

1945年7月16日5点29分45秒，人类历史上第一颗原子弹"瘦子"在美国新墨西哥州离阿拉莫戈多96千米远的特里尼蒂荒漠爆炸成功。

在10千米以外的掩体里，作为研究者之一的美籍意大利物理学家费米仍在做着实验。当冲击波到来时，他把手中事先准备的碎片向空中撒去。冲击波把一些碎纸片吹出好远，费米跟踪着它们，好像忘掉了一切……

原来，费米事先已经练习过，并测量了自己跑一步的距离和所用的时间。这样，当他记下自己跟随碎纸片奔跑的步数，就得到了纸片飞行的距离和时间，从而估算出纸片飞行速度，进而由事前研究得到的速度与爆炸当量的关系，估算出原子弹爆炸的当量。

费米用这种方法估算出的爆炸当量为15 000～20 000吨TNT当量，同仪表上记录的数值20 000吨TNT当量非常接近。

气垫船的诞生

1950 年，英国造船专家科克雷尔决心改革现有船舶的结构，研制出能在浅而窄的河床中高速灵活航行的船舶。他虽然付出了许多，但没有收获。

一天，科克雷尔在公园休息，顺手把一顶大草帽平抛了出去，他发现在草帽即将落地的一刹那，下落的速度骤然变慢了。"哦，我知道了，那是草帽接近地面时，草帽底下空气的反作用力增大的缘故。"科克雷尔在想。这时，他突然联想到：这种现象不是也可以利用在船舶上吗？让船底或侧壁和河水之间也生成一种空气，让空气来支撑船只，不就可以减少它的阻力了吗？

科克雷尔抓住这一智慧闪光立即进行实验，用吹风机和管子从咖啡罐头盒周围向盒底喷射气流，结果证明可形成气垫并保持下去，为研制实用气垫船奠定了基础。

后来，他在别人的资助下，于 1959 年 5 月完成了第一艘实用气垫船样机，并在该年的 7 月 25 日顺利地横渡了英吉利海峡。

"反过来思考"

20世纪50年代的中国，在高科技方面面临着一个决策问题。美国、前苏联都是发达国家，他们都是先发展航空工业，再搞导弹的，其理由是搞飞机容易，因为飞机飞行速度相对较慢；搞导弹难，因为它的飞行速度快，大约是飞机的10倍。先易后难嘛！这也是最基本的道理。

但我国著名科学家钱学森却有着不同的看法。他提出应先搞导弹，后搞飞机。他的根据是，造导弹要比造飞机容易，因为导弹的制造材料是一次性使用的，用不着像飞机要求那么高，否则的话飞机翅膀就会断裂。最关键的是要"看得清"、"制导好"、"打得准"。

钱学森的看法最终被采纳。结果，我国在这方面成功了，我们的导弹、火箭技术，都位居于世界先进行列。

让发动机改为并联

1957 年，美国和前苏联都具备了把火箭送上太空的物质条件，但还都为不能解决把火箭送入轨道问题所困扰。

当时，向天上发射火箭都是按照常规的方法，将几级火箭串联起来。但因起始的动力和速度不够，火箭不能摆脱地心引力，无法进入轨道。制造的火箭不能上天，两国科学家都感到很棘手。科学家在研究着，分析着……

后来，一个前苏联的专家突发奇想："几级火箭在串联的条件下难以上天，如果反过来，将火箭串联改为并联，能不能解决问题呢？"

这位专家按照这个思路，改变了设计方案：将一个大火箭的上两级串联，下两级用 20 个发动机并联，使起始的动力和速度大为增加，足以摆脱地心引力。

前苏联按照这个方法进行发射，果然在 1958 年把运载着人造卫星的火箭送上了预定的轨道。

这一巨大成功，震惊了美国，轰动了世界。

"王永志方案"

1964 年 6 月下旬，炎热的中国西北大戈壁上，一枚火箭巍然屹立，正进入发射倒计时。突然，一阵警铃声响起。原来，出现了紧急情况：由于天气炎热，液体推进剂汽化减少。如不立即采取措施，火箭的质量不够，就达不到预定目标。

面对这种情况，专家们立即讨论开了，而且争议得十分热烈。

"再加燃料，加大射程。"有人提议。

"不能再加燃料，相反要泄出适量燃烧剂，才能加大射程。"年轻人王永志说。

"什么?"人们不相信自己的耳朵。

"请大家反过来想一想，"王永志解释说，"弹体质量影响速度，泄出适量燃烧剂，减轻了弹体质量，不但不会影响火箭的发射距离，而且还会相对更远。"

在专家们的争论中，王永志经过反复计算，认为泄出 600 千克燃烧剂后，推进剂正好能满足射程的需要。钱学森听了他的汇报后，说："行，我看这么办行!"

按照"王永志方案"进行实施，火箭最终发射成功。

从爆炸的事故中找开去

20世纪60年代，前苏联工程师库利科夫发明了一项高效切割钢材的新技术，为了推广这项技术，他来到一个车间进行实验。他把一种硅酸盐装入炉子中进行热处理，谁知"轰"的一声发生了爆炸。他受到严厉的指责。

"是继续推广新技术还是放弃？"库利科夫想，"要搞明白爆炸的原因才对。"

经过5年的研究，库利科夫发现是一种化学式为 $Na_2O \cdot SiO_2$ 的特种硅酸盐在作怪。这种物质被加热到一定温度就要爆炸，要比普通的炸药还厉害。"如何剔除这种特殊的硅酸盐呢？"库利科夫在思索着，"让它来发电不是更好吗？"

于是，库利科夫就进行了这方面的研究，终于设计出了一种控制硅酸盐释放能量的反应器。它可以使硅酸盐加热不爆炸，能把水变成600℃、300个大气压的水蒸气，用水蒸气来发电。1991年，库利科夫用他的新发明建立了一个电站，发电效率比汽油和煤油发电要高出1000倍以上。

不受暴风雨影响的观测船

美国加利福尼亚大学的史克林福斯海洋研究所，要开发研制在暴风雨中不受影响的观测船。科学家们建造了各种实验模型，但都收效甚微。

一天，为了放松一下紧张的大脑，一位参与研究的科学家干脆到附近的湖泊去钓鱼。他把细长的浮标抛向水中，浮标垂直地静立在水面上。湖光山色的呼应，凉爽的清风拂面，使这位科学家疲惫的大脑清醒了过来。

突然，从远处传来了汽艇的马达声，汽艇激起的水波向岸边冲来。当他的目光落到浮标上时，发现浮标周围的湖水虽然晃动，但它仍然保持原来的姿势。

"哇！就是这个！观察船就做成这浮标的形状！"他灵机一动，"船体垂直竖立在水中，把船体的重心降在水面下较深的地方，让船的浮力中心在重心上方有一定距离，这样就会很稳定。"

他按照这个思路，终于设计出了一艘名为"FLIP"的气象观测船，它在暴风雨中果然不受影响。

微处理器的诞生

1969 年 6 月，美国物理学博士霍夫决定开发设计微处理器，即一种全新的微型的通用计算机芯片。他夜以继日地超负荷工作，身体都瘦了一圈。

有一天，霍夫连续工作了 10 多个小时，准备休息一会儿。他抬起头来，忽然看到了贝尔的格言："有时需要避开常走的大道，潜入森林，这样你肯定就会发现前所未有的东西。"这时，忽然有一个念头从他脑海中闪过："在一个存储芯片的复杂内容结构中，存储一个控制程序。"

霍夫就按照这个思路，在芯片上装上了中央处理器，于是出现了微处理器。他把两块芯片附到这种微处理器上，一块用来向中央处理器输入和输出数据，另一块提供驱动中央处理器的程序。这样，就制成了一台初具雏形的通用计算机。

经过不懈的努力，霍夫在 1971 年 1 月终于制成了世界上第一枚能运转的微处理器。他的发明轰动了整个计算机界，霍夫也被尊称为"微处理器之父"。

李政道与"孤子理论"

20 世纪 70 年代的一天，美籍华人物理学家李政道在美国欢送韦斯柯夫教授的退休会上，听了伍拉的演讲，才知道在非线性方程的领域里，有一种叫孤子的解，它有很多有趣的性质，这引起了李政道的极大兴趣。

"啊！有意思。"于是他就把伍拉的材料借了来，他不是留意一些细节问题，而是专门在寻找其中的不足。"原来他们是研究一维空间中的孤子，但在物理学中具有广泛意义的是三维空间，这是一个漏洞。"

于是，李政道抓住了这个弱点，研究了几个月，终于创造了三维空间的"孤子理论"，用它来处理三维空间的亚原子问题，得到了许多新的结果，为人们所称道。

来自徒步涉水的发明

20 世纪 70 年代，中国科学家顾心怿研制出了"胜利一号"坐底式钻井船，解决了 2 ~ 5 米深海域的钻井勘探问题，但在 2 米以内的浅滩使用就会陷进泥潭。"怎么来解决这个问题呢？"顾心怿在苦苦思索着这个问题。

1982 年，顾心怿又到实地考察。他们乘坐的小艇搁浅在水深 1.4 米的地方，一等就是 3 天。这时，一位船员接到家里的电报，要他马上回去，他只得涉水上岸。

顾心怿看着船员一步一步走上了岸堤，他突然产生了一种想法："小艇在搁浅的情况下，人能一步一步走向堤岸，那么能不能造一艘会走路的钻井船呢？"

顾心怿几经推敲，认真设计起来，他的设计图得到了设计院的大力支持。后来，他又得到了上海交通大学的协助，1983 年终于完成了设计方案。经过 6 年的反复改进，终于建成了重量近 5 000 吨的"胜利二号"步行式钻井平台，它可以稳步地走向大海。

用鸡毛消除浮油

巨型油轮发生海难的消息，时有所闻。油轮所载数十万吨的原油，向外泄漏，往往会污染几千平方千米的海面，污染水体，杀灭海洋生物……但是，要清除这些污染，十分艰难。

1983 年，美国科学家克罗蒂看到许多海鸟死于溢油污染，漂浮在海边，十分痛心。他仔细观察，发现许多死鸟的羽毛上沾满了浮油。他灵机一动："既然鸟的羽毛上能沾满许多浮油，那么可不可以用羽毛吸附浮油呢？没有大量的羽毛，可用鸡毛来代替呀！"

于是，克罗蒂做起实验来。他在密西西比河的一个溢油区抛出了 100 多个鸡毛袋做试验，海面上的油污几乎立即被吸附在鸡毛上。15 分钟后，把这些鸡毛袋拉上岸，清水奇迹般地从鸡毛袋中流出，油污吸附在鸡毛上，每袋约吸附 4 千克油污。就此，克罗蒂发明了用鸡毛来清除浮油的方法。

发明"单索抓斗"

1981 年，中国发明家、人称"抓斗大王"的包起帆研制出了"双索门机抓斗"，并获得国家发明奖。但这个抓斗还有些不尽人意的地方。

1983 年 10 月，他参加了中国工会第十次代表大会，组委会发给代表的圆珠笔，结构巧妙，伸缩灵活。包起帆触景生情，立即联想起他的抓斗。他马上拆开圆珠笔，进行研究，但就是弄不明白它的秘密。

散会后，他马不停蹄地去找那家生产圆珠笔的工厂请教圆珠笔的学问，但因是技术秘密，人家没有告诉他。第二次，他又被拒绝了。

第三次，人家被他的发明精神所感动，终于把圆珠笔伸缩的结构原理详细告诉了他。

"采用这种结构原理，可以将双索抓斗改为单索抓斗。"包起帆如获至宝，立即投入到研制工作中去。经过反复试验，他终于发明了性能更好的"单索抓斗"。

包起帆（右）在上海港外高桥港区了解港区建设工作

起死回生的妙手

战国时期的一天，神医扁鹊带几个徒弟来到虢国，正碰上虢国为太子办丧事。扁鹊一问，知道太子平日身体很好，却突然不省人事，撒手而去。"怎么会这样呢？"扁鹊认为不可能，就说："我可以治好太子的病。"

扁鹊仔细检查了太子的"尸体"，用耳朵贴近太子的鼻孔，发现还有一丝气息；大腿根和心窝还有一点热气；他给太子试了试脉，脉还在跳，只是很微弱。于是，扁鹊说："太子没有死，只是得了尸厥症（休克），可以救活。"

扁鹊弄清了病症，用针在太子头顶、胸部、手和脚等部位的穴道扎了针，又用炒热的药物在肋下交替烫熨，还给太子灌了汤药。

不一会儿，太子就慢慢醒了过来。接着服了20多天的药就痊愈了。

智救上吊人

公元 2 世纪的东汉时期，大医学家张仲景治病路过一个村庄，碰到了一个上吊已经断了气的人。围观的人都认为这人已经死了。

张仲景作为一个医生，不放过任何一丝救人的希望。他想："或许他只是憋昏了过去，小猪掉进水里憋了气，农民不是有一种急救的办法吗？人憋气是一个道理，救人要紧，不妨试一试。"

张仲景叫两个小伙子帮忙，把上吊的人放在床板上，他让两个小伙子把"死人"的胳膊一会儿往上抬，一会儿放在胸前。张仲景又把两只手抵住"死人"的胸部和腹部，按一下，再松一下，反复和小伙子配合着，连续用了 20 多分钟，终于使那个人"嘘"了一口气，上吊的人得救了。

病理不同治法不同

东汉时期的一天，有三个赶路的人被大雨浇病了两个。两个人都说："头痛，发热，咳嗽，鼻子不通气。"张仲景想："准是感冒了。"但还是给他们试了脉。第一个人脉跳得不快不慢，手腕上有汗；第二个人脉跳得较快，脉管紧张有力，手腕没有汗。张仲景就给他们开了一帖相同的麻黄汤，让他们煎好服下。

第二天，张仲景去看病人。第一个病人出了一身大汗，病情反而加重；第二个病人已经好了一大半。"这是怎么回事呀？"张仲景思考着，"哦，两人病情较大的差别是一个有汗，一个没有汗。第一个人可能是出汗太厉害。"于是，张仲景改用一种叫做桂枝汤的药给第一个人吃。病人服用后，果然好了起来。

张仲景明白了：第一个病人患的是伤风；第二个病人患的是伤寒。两种病有着细微的差别，应有不同的治疗方法。

接骨草的发现

一天，哈尼族接骨医生路巴走路累了，坐在树下休息。突然，一条20多厘米长的大蜈蚣爬了过来，他担心蜈蚣的刺蜇，就拔出随身带的长刀把蜈蚣切成两截。

过了一会儿，路巴发现另一条蜈蚣爬了过来，围着奄奄一息的同伴转来转去，一晃消失在草丛中。不久，它又爬了回来，嘴里噙着一片嫩绿的叶子。它把两截蜈蚣连在一起，并将这片嫩绿叶覆盖在连接处的上面，自己却安静地守候在一旁。

大约过了半个多时辰，奇迹出现了：那条被斩成两截的蜈蚣竟然奇迹般地连接起来了。它慢慢地蠕动了几下，爬进草丛中去了。

路巴急忙拾起那片在地上的叶子，仔细地观察起来，发现这是长在一种细藤子上的叶子。他采回很多这种叶子，将叶子捣碎，敷在被折断腿的鸡的伤口上，给鸡包扎好。过了三天，解开一看，鸡腿骨也连接起来了。

路巴将这种神奇的草叫做接骨草。从此，接骨草成了人们接骨的特效药。

"养子"之谜

有一种土蜂叫蜾蠃，相传它自己不会繁殖后代。每年初夏，它用泥做好像小坛子似的窝后，就把一条条叫做螟蛉的绿色小虫子衔来，安放在窝里，每天对着螟蛉祝愿说："像我！像我！"不久，螟蛉就真的变得和蜾蠃一模一样，从窝里飞走了。

我国南朝齐梁时著名学者陶弘景听到了这个传说后，产生了怀疑："怎么会这样呢？"他查找了有关资料都这么说。他又想："书上是你抄我，我抄你，怎么会查出结果呢！"干脆到大自然去找。

他发现，专吃绿色叶子的螟蛉，长大后都变成了美丽的蝴蝶。他又进行了长时间的观察。最后，终于揭开了蜾蠃"养子"之谜。

原来，蜾蠃快要产卵的时候，就到田间寻找螟蛉，找到后就用尾针刺蜇它，使其昏迷。蜾蠃把它衔到窝里，就在它身上产卵，卵就在里面"吃喝"。等把螟蛉全吃光了，幼虫也就长大变成了蛹，蛹再化成小蜾蠃飞走了。

最早的医学教学模具

宋朝有个太医署，类似现在的医科大学，是专门为皇帝、贵族和官员治病的机构。宋朝医学家王惟一是太医署翰林医官，专给学生们传授针灸疗法。

当时，有关人身上的扎针穴位，说法不一，有些学生对针灸的部位掌握不好，认为太难记。"怎么来改变这种情况呢？"王惟一在思考着这个问题。

一天，他想："如能有一个人做样子，再讲解身体各部位的穴位，不就好掌握了吗？哈哈！办法有了。"王惟一思维拓展了，"我何不做一个人体模型呢？"

1027年，王惟一主持设计铸造了我国医学史上第一个教学模具——针灸铜人，共铸成铜人两座。铜人身上有几百个穴位，每个穴位就是一个小孔。还标上了穴位的名称、位置，极其精确，为教学带来了方便。

为了考核学生，可把穴位灌满水，再涂满黄蜡，只要针扎对了，水就会流出来。这实在是个训练和考核的好办法。

借助苍蝇来破案

南宋时期，法医学家宋慈碰到了一件杀人案件。他亲自检验：只见在路旁有一具被人用镰刀杀死的尸体。他发现死者的钱物并没有损失。他想："这强盗不是为了谋财害命，究竟是为什么呢？"

宋慈问死者的妻子："你丈夫生前与什么人有仇吗？"

妻子想了想说："我丈夫安分守己，没有什么仇家。只是前几天，有个邻居来我家借钱，我丈夫一时不便，没有借给他。那邻居临走很生气，总不至于杀人吧？"

"怎么来破案呢？"宋慈想，"用镰刀作案，只要找到镰刀就行了。怎么找到镰刀呢？"他想着，想着，"哈哈！办法有了！"

宋慈立即下令："周围的邻居都把镰刀拿来，如特意不拿者，要严厉治罪！"

面对这种情况，邻居谁还敢不拿呢？

邻居们都把镰刀拿来放在太阳底下，不一会儿，有一把镰刀上就飞满了苍蝇。宋慈把镰刀的主人逮了起来，说："这镰刀留有杀人的血腥味，你就是杀人凶手。"结果那人不得不承认罪行。

麻醉镇痛剂的发明

有一天，明朝医学家李时珍在民间采集药方时，一个老农说："吞服曼陀罗草，会使人发笑，甚至使人兴奋得手舞足蹈。"

"会有这样的事吗？"李时珍在思考着，"怎么我翻遍了所有的药书，都没有见到曼陀罗草的记载呀？它或许可以用做麻醉镇痛剂吧！"

"怎么办呢？"李时珍决定亲口尝一尝。当时，他并不知道曼陀罗草有毒，当他吞服了这种毒草后，感觉精神恍惚，并失去了知觉。

为了搞清楚曼陀罗草的药性，李时珍不顾一切，多次吞服不同剂量的曼陀罗草，有时还配上其他草药一起吞服。经过多次试验，他终于发现，如果把曼陀罗草和火麻子花配合服用，就可以当做外科手术的麻醉镇痛剂。他还总结出了麻醉镇痛剂的具体配方与制作方法。

"鬼火"是鬼的灯笼吗

明朝末年分宜县郊外，有一个乱坟岗子，腐尸枯骨，死猫烂狗，到处都是。每天夜晚，这里就会出现星星点点的蓝绿色火焰，有的一闪即逝，有的能飘动很长时间。人们管它们叫做"鬼火"，说是夜晚鬼出来游荡时点的灯笼。

科学家宋应星不信鬼神，他决心要弄明白这个问题。

一个夏季的深夜，他提着灯笼来到乱坟岗，果然在南端看到了亮光。他走近后，把事前做好的牌子插到闪光的地方，准备天亮时再看个究竟。

第二天，宋应星来到插牌子的地方，看见在离牌子不远的地方有两具猫的尸体，尸体已大部分腐烂。"可能闪光与猫的尸体有关吧？"宋应星想，"怎么来证明这个问题呢？"他把两具猫的尸体掩埋了起来，并把周围的杂草烧掉了，以消除尸体腐烂留下的痕迹。

到了夜晚，他再去观察，结果，那里再没有闪光。这说明蓝绿色闪光与动物尸体有关，并不是什么"鬼火"。他经过多次观察和试验，终于得出了这个结论。

科学的枪伤疗法诞生了

在 16 世纪那个时候，用来治疗枪伤的惟一方法是用火红的烙铁或灼热的沸油直接对伤口烧灼。

法国人巴雷在法军当军医，他始终想发明一种新的治疗枪伤的方法。

1536 年，巴雷所在的军团受命阻击神圣罗马帝国的进攻，双方在法国北部展开了一场激烈的战斗。面对大量的伤员，巴雷决定运用他酝酿多久的枪伤疗法。他把煮熟的鸡蛋黄、玫瑰油和松节油充分调和，制成一种淡黄色的油膏，轻轻地涂抹在伤员的伤口上，再用干净的软布包起来。

巴雷一夜没有睡。东方刚露出鱼肚白，巴雷就提着马灯仔细巡视。他揭开包布之后，发现伤口没有发炎，也没有丝毫受火枪"毒气"中毒的现象。伤员很快就恢复了健康。而用传统的方法治疗的伤员却多数发高烧，伤口难以愈合。

这意外的成功，使巴雷喜出望外。接下来，他继续反复试验，不断完善，新枪伤疗法终于诞生了。

《人体的结构》的诞生

1533 年，后来成为近代解剖学奠基人的比利时青年维萨里考进了巴黎医学院。当时教授授课是坐着读古罗马解剖学权威盖仑的著作和遗训，助手在旁边操刀解剖猴和狗等动物，用动物代替人体，学生只能看，而不允许动手参与或提问。

"难道人体结构和动物一样吗？难道盖仑的学说就没有错误吗？"一连串的问题令维萨里十分困惑。他认识到要搞明白人体的结构，必须进行人体解剖。但在那时进行尸体解剖实验，是被视为大逆不道的。

一个漆黑阴冷的夜晚，维萨里和几个同学爬上刑场的绞刑架，取下一具具尸体，偷偷运回学院。维萨里等人在摇曳的烛光下，开始了人类医学史上具有重大意义的解剖实验。他们通宵达旦逐层解剖尸体，精心绘制了一幅又一幅人体肌肉、血管和内脏的解剖图。

1543 年，29 岁的维萨里写出了第一部科学的解剖学巨著——《人体的结构》，具体指出了盖仑著作中的 200 多处错误，对统治了千百年的盖仑学说提出了挑战。

血液循环的发现

17 世纪之前，人们认为血液经心脏流出之后，就会在身体内消耗干净，也就是说血液不是循环的。英国科学家哈维进行了长期的研究，解剖了大量的动物，观察了各种动物的心脏，他得出结论："血液应该是循环的，才能说明问题。"

哈维为了以理服人，进行了如下的计算：他测出心脏每分钟跳动 72 次，估计每次的排血量约为 2 盎司（约 56.7 克）。一个小时有 60 分钟，那么一个小时从心脏射出的血量应为：$56.7 \times 72 \times 60 = 244944$（克）$\approx 245$（千克）。显然，这么多的血量远远大于人的体重，从心脏流出来，进入人的主动脉。血液只有是循环的，才能说明问题。要按照古罗马医学家盖仑的"周身耗尽"的说法来解释的话，这 200 多千克的血从哪里来呢？

哈维根据多种动物和人体的解剖实验，揭示了血液循环的规律，于 1628 年发表了《动物中心脏和血液的运动的解剖学观察》这一著作，从而建立了科学的血液循环学说。

燕子去了哪里

18世纪，瑞士北部城市巴塞尔，有一位学者在书里记载了这样一个故事：一个人屋檐下有一窝燕子。每年的秋后，燕子就飞走了。到了第二年天暖和时，它就飞来了。"燕子飞到哪里去了呢？"那人好奇地问那位学者，可是他也说不清楚。

那人突然灵机一动，在燕子还没有飞走的时候，他在一张薄布条上写着："燕子，你是那样忠诚，请你告诉我，你是在什么地方过冬？"他把布条缚在燕子的腿上。几天后燕子飞走了。

那人天天盼，终于盼回了春天。一天，那只燕子飞了回来。只见它腿上缚了一张新的布条，上面写着："它在雅典的安托万家里过冬，你为什么要打听这件事？"

那位学者知道后，如获至宝，认真研究起来。从此，他开始给燕子缚标记放飞，逐渐搞清了燕子迁徙规律和路程。这也就是鸟类的环志的雏形。

后来科学家就是在这个方法的基础上发明了鸟类的环志，用来研究鸟类的迁徙规律。

用金属管里的肉研究胃

鹞和鹰都是猛禽，有一双尖利的爪，有着坚硬的喙，捕食猎物不在话下。它们没有牙齿，只能生吞活剥，它们是怎样消化食物的呢？

1752 年，意大利科学家列莫对这个问题很感兴趣，就进行观察和实验。他养了一只鹰，在喂鹰的时候，把肉装在金属管里，管的两端还用金属网封口。他想："鹰的胃不能接触肉，不可能对肉研磨，看它还能消化吗？"

过了几天，列莫让鹰把管子吐了出来，肉已经不见了，被胃消化了，管子里残留下了一些液体。列莫用舌头舔了舔，有点酸味。后来知道这是胃液。

以前人们认为，胃的作用有点像磨，可以把食物磨碎。而列莫通过实验知道了，胃中的液体也能消化没有经过磨碎的肉。

过了 100 多年后，人们才知道胃中有酸味的液体就是盐酸。

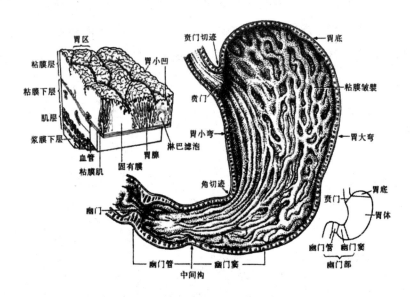

由敲酒桶引出的发明

18 世纪中期，奥地利医生奥恩布鲁格为一个病人治病，但直到病人死了也没有找到病因。他征得病人家属的同意后，进行了尸体解剖，结果一看："天啦，原来是病人胸腔内积满了脓水！要是早知道是患这样的病，病人是不会死的。"奥恩布鲁格为这件事深深自责，"那么用什么方法才能诊断出这种疾病呢？"

他经过苦苦的思索之后，忽然想到了他当酒商的父亲叩击酒桶的动作：他父亲用手指上下叩击酒桶的侧面，从木制酒桶发出的声音就可判断出酒桶里是否有酒，或大致有多少酒。"用这种方法可不可以叩击病人的胸部，来诊断病人胸部的病情呢？"

于是，奥恩布鲁格就按照自己的设想进行试验。经过多次试验、观察，1761 年，他终于发明了叩诊法，并出版了专著《新的诊断》一书。直到今日，叩诊法仍在被广泛应用。

请卫兵保卫马铃薯

马铃薯原产美洲。它的地下块茎既有很高的营养价值，又有很高的产量，但是在 18 世纪中叶之前，法国的老百姓并不能接纳它。

农民说："它是魔鬼的苹果。"

医生说："这种东西吃了会损坏身体。"

土壤学家说："种这种植物会使土壤枯竭。"

法国农学家巴蒙蒂埃很了解这种农作物的优越性，知道它一定会给老百姓带来福音。他向国王建议种植马铃薯，并想出了一个奇妙的办法。

1787 年，巴蒙蒂埃在一块菜园地里种上了马铃薯，并让全副武装的皇家卫士来看管。这产生了极大的轰动效应，引起人们的极大兴趣。

"看来这是好东西，要不的话还用看管吗？"人们议论纷纷。

在马铃薯快要收获的时候，巴蒙蒂埃特意将卫士换岗的时间变长了一些。当地的老百姓就悄悄来挖，栽到自己的院子里。

就这样，一传十，十传百，没有用上几年工夫，马铃薯就种遍了整个法国。

蝙蝠飞行的秘密

1793 年盛夏的一天，意大利生物学家斯帕拉捷在山洞里捉了好几只蝙蝠，用黑布蒙上它们的眼睛。到了晚上，他把这几只蝙蝠放回天空。结果蝙蝠飞得很正常。斯帕拉捷惊讶不已：看来蝙蝠夜里飞行不靠眼睛。

接着，他在蝙蝠的鼻子里，塞进散发出强烈化学气味的小球，让蝙蝠辨不出气味来。结果放出去的蝙蝠照样捕食昆虫。"哎，蝙蝠的飞行和捕食与嗅觉也没有关系。"

后来，斯帕拉捷又给蝙蝠身上刷了一层油漆，但还是不能影响蝙蝠的飞行。

最后，斯帕拉捷塞住了蝙蝠的耳朵，然后将它们放飞。结果蝙蝠像无头苍蝇一样到处瞎撞。"哈哈！"斯帕拉捷终于明白，"蝙蝠是靠听觉来确定方向、捕捉目标的。"

后人在这个基础上又进一步研究，终于发现蝙蝠是利用超声波在夜间导航的。超声波是一种超过人的耳朵所能听到的最高频率的声波。

色盲症的发现

道尔顿是英国杰出的化学家。一年的圣诞节，他为母亲买来一双长统袜子。

"啊，约翰，怎么给我买这样鲜红色的袜子呢？"上了岁数的母亲惊奇地问。

"妈妈，我是给您买的蓝灰色的袜子呀！"道尔顿不解地回答。

"错啦，约翰，这颜色分明和樱桃一样的红呀！"

"这太奇怪了，妈妈。"

道尔顿找来了弟弟来判断，果然是道尔顿错了。他分不清红色和绿色。

"这是怎么回事呀？"道尔顿决心要搞明白这个问题。

道尔顿用各种颜色的布按照不同的颜色和顺序进行排列，让他的学生进行分辨。后来，他终于查明有的学生根本不能分清颜色，把绿色说成红色，把红色说成蓝色，等等。

1794 年，道尔顿把他的研究写成论文，从而开创了人们对色盲症的研究，他也成为世界上第一个发现色盲症的人。

牛痘接种法

18 世纪中期，天花病蔓延欧洲，传染十分迅速，死亡率很高。英国医生琴纳为了研究这种可怕的疾病，在乡下办了一所专门治疗天花病人的医院。

有一天，有个挤奶女工到琴纳这儿来看病，她说："我曾患过牛痘，以后再也不会患上天花了。"琴纳听后觉得很奇怪。"哦，这是怎么回事呀？"琴纳思考着，"问题是出在哪里呢？"

琴纳抓住了这一思维的火花，他认为：牛痘和天花十分相似，用牛痘预防天花是可行的。怎么来证实这个问题呢？也只有通过试验来证明这个问题。

1796 年 5 月，琴纳决定在自己的儿子身上做试验。结果，儿子接种牛痘后感染的程度很轻，很快就好了。"那么，还会不会再感染天花了呢？"于是，琴纳又把大剂量的天花脓液接到儿子的身上，结果，儿子并没有感染天花。琴纳经过反复试验，终于找到战胜天花的办法——牛痘接种法。

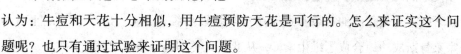

"坏血病"的故事

200 多年前，一艘西班牙航船在太平洋上航行。当时流行一种叫做"坏血病"的航海病：病人牙床和皮下出血，有气无力，最后口流血水，呼吸困难而死去。

"船长，我们不行了。我们死后不愿意喂鲨鱼。"三个水手患上了"坏血病"，生命危在旦夕。"看在我们跟随您多年的面上，把我们送到前面的小岛上去吧。"

船长答应了他们的请求，用小船把他们三个人送到了一个荒岛上。

一年之后，这艘船再次路过这个荒岛时，发现有三个人在招呼他们，一看正是那等死的三个水手。原来，三个水手出于求生的本能，饿了就吃野果、野菜充饥，居然奇迹般地活了下来。

后来，科学家分析，正是这些野果、野菜里含有治疗"坏血病"的物质，才使他们死里逃生。经过长期的研究，科学家发现，"坏血病"就是维生素 C 缺乏症，并从新鲜的水果和蔬菜中成功提取出维生素 C。1933 年，瑞士科学家莱胥斯成功地合成了维生素 C，从此，人类彻底征服了"坏血病"。

来自孩子们敲木头的声音

1816 年一天，一位胖小姐来找法国医生雷奈克看病。雷奈克认为她可能患有心脏病，想靠近她的胸部用耳朵听一听，被小姐摇头谢绝了。

"判断不出是什么病怎么治呀！"雷奈克烦恼地走在回家的路上。他见一群孩子在一根长木头一端敲一敲，在另一端听一听，很有趣，便说："让我听听好吗？"

"好！"孩子们异口同声地答应了。

雷奈克把耳朵靠在木头的一端听起来。

"先生，为什么木头的声音会这么响呢？"孩子们围上来问。

"……这是密实的物体传导声音的本领比空气强啊……"雷奈克边思考边回答。

"空气的传导本领为什么不强呢？"孩子们继续追问。

就在这一问一答的过程中，雷奈克受到启发，他想：卷一个纸筒把心跳的声音放大，不就可以在远处听到病人的心跳了吗？他一试果然灵验。

后来经过不断的试验和改进，雷奈克于 1819 年发明了医生用的听诊器。

抓住"贝格尔"号的机遇

1831 年，年仅 22 岁的英国青年达尔文说服了父亲，以"博物学家"的身份，登上了英国海军"贝格尔"号大船，开始了他为期 5 年的环球科学考察旅程。

一天，达尔文在一个岛上发现了一种奇特的海龟，因这里缺水，海龟体内含有大量的水分。"它为什么会是这样？是不是环境造成的呀？"

他在另一个岛上观察了雀，发现它们各有自己的特征。有的嘴大一些，有的嘴小一些；有的吃昆虫，有的吃种子。"上帝为什么要这样造呀？"

随着考察的不断深入，他逐渐形成了这样一个概念：海龟也好，雀也好，都是一个变种，是生活在不同环境中造成的。

后来，达尔文根据自己的观察和研究，终于写成《物种起源》一书，于 1859 年出版，阐述了进化论的思想。要知道他在这之前，是非常相信上帝造物的说法的！进化论的思想彻底推翻了"神创论"和物种不变的理论，受到了恩格斯的高度评价。

两盘烤鸭引出的话题

达尔文和好朋友赖尔一起去打猎，直到太阳偏西才回来。晚餐时，站在一旁的厨师说："先生，刚才那盘是买来的家鸭烤的，这一盘是先生打来的野鸭烤的。"

"老朋友，你发现它们的差别了吗？"达尔文一边吃一边问。

"野鸭的味道比家鸭鲜美多了。"赖尔说，"怎么家鸭比野鸭大呢？"

达尔文善于观察事物，他用心地比较、思索着，说："可能是野鸭要自己找食物，家鸭养尊处优吧！它们不光外形有差异，就是内部也不一样。"

两个老朋友没有心思用餐了。他们马上钻进了实验室，解剖了一只家鸭和一只野鸭。通过比较发现：野鸭和家鸭骨骼明显不同，家鸭的腿骨和脚骨要比野鸭重一倍多。

"家鸭用脚走路的机会比野鸭多，用的机会多，就进化就发达；家鸭几乎把飞翔忘了，所以翅膀远不如野鸭的坚强有力，不用就会慢慢地退化。这就是我们得出的结论。"达尔文说。

为母婴缔造幸福的先驱者

1850 年，匈牙利妇产科医师塞麦尔维斯负责的病房里产妇死亡率很高。他的一个好朋友因解剖感染产褥热的尸体，不小心划破了手指，结果也不幸得病死去。

这件事对塞麦尔维斯震撼很大。他苦苦分析着原因：这位医生划破手指而死亡，肯定是产褥热病人身上有某种"毒物"，通过伤口进入了他的体内。医院里的实习生做完解剖就去接生，"毒物"就可能侵入产妇伤口，引起产妇死亡。

他根据自己的分析，要求医生接生时用漂白粉水仔细洗手。可是效果并不太令人满意，病人有轻微的发烧现象，但病情较轻。

塞麦尔维斯很善于分析问题，他认为是漂白粉水的浓度太低，于是将浓度从原来的 0.1% 提高到 0.5%，并要求医生把手术器械等全部用漂白粉水洗。结果，医院里出现了奇迹，感染产褥热的病人比例从 12% 下降到 0.6%。产妇们感激万分，称塞麦尔维斯为"母亲的救星"。

来自豌豆的发现

1843 年 10 月 9 日，21 岁的奥地利青年孟德尔进入了奥地利奥古斯丁修道院，成了一名修道士。他看到修道院里种的南瓜、紫茉莉、菜豆、玉米等植物开着各种各样的花儿，便想："这五颜六色的花儿，一定有着许多秘密。"

为了探索这个问题，他于 1856 年挑选了 22 种性状不同的豌豆，进行杂交，然后，把得到的下一代种子再进行杂交。他重点观察、记录了杂交后代中 7 个特征的变化，如花的颜色、豆粒的圆皱、茎的高矮等。

孟德尔经过 8 年的实验，记录了 2.1 万多株的实验结果。他对不同性状在杂交后代中出现的植株的数量进行统计分析，结果发现了有趣的遗传规律。如红花豌豆和白花豌豆杂交，它们的下一代全开红花。在下一代中自花授粉，在接下来的一代中将有 3/4 开红花，1/4 开白花，都有一定的规律。

因为他对遗传学作出了巨大贡献，孟德尔被后人尊称为遗传学的"开山祖"。

孟 德 尔

遗传学奠基人孟德尔（G. J. Mendel，1822—1884）致力于植物杂交试验研究，从生物的性状出发，最先揭示出了遗传的两个基本规律——基因的分离定律和基因的自由组合定律。即"孟德尔定律"。

巴斯德消毒法

1896 年,引自粪坑的气体点燃了街灯.

巴斯德

1857 年,法国里尔城的制酒厂偶然发生了一起事故:原来气味芳香、味道可口的啤酒竟莫名其妙地变酸了,堆积如山的啤酒卖不出去。

制酒厂老板就去请教法国斯特拉斯堡大学化学教授巴斯德。巴斯德亲自来到酒厂,调查研究,仔细地查看了各个工艺流程,寻找啤酒变酸的原因。他想:"如果有问题,也只可能在发酵的甜菜上出问题。"他把变酸的酒浆和正在发酵的甜菜放在显微镜下观察,发现里面有不少微生物。他查阅了许多文献资料,通过苦苦研究,终于找到了啤酒变酸的原因。他告诉老板:"是乳酸细菌在作怪。"

"教授先生,这怎么办呀?"老板看到了希望。

"乳酸细菌繁殖得很快,"巴斯德介绍起方法,"但它有一个致命的弱点,就是怕高温,只要把酒加热到一定温度并保持一定时间就行,啤酒就不会再变酸了。"这就是著名的"巴斯德消毒法"。

寻找杀灭微生物的药物

1865 年的一天，英国医生李斯特看到巴斯德的一篇文章，文中说："空气中到处都有微生物，它起着发酵变质的作用。"李斯特如同在黑暗中跋涉的人突然看到了灯光，兴奋不已。他知道了，要去寻找杀灭微生物的方法，才能减少伤口的化脓。

一天，李斯特在马路上散步，走到一条阴沟旁，闻到一股强烈的腐臭气味，他只好绕着道走了。

回来的时候，清洁工人正在撒药水，才把腐臭的气味压了下去。他一打听，工人用的药水是石炭酸。"哦，用石炭酸，就可以去掉臭味？"

这天，他碰到一个严重骨折的男孩，李斯特想："我何不用石炭酸给他消毒呢？不妨一试。"结果，这个男孩的伤口没有化脓，顺利地恢复了健康。

李斯特喜出望外，他要求医生手术前要把手浸泡在石炭酸中；手术刀要用石炭酸处理；包扎伤口的绷带要用石炭酸浸泡……结果，化脓的病人越来越少。

就这样，李斯特发现了医生用的灭菌方法。

门外汉治蚕病

1865 年秋天，法国养蚕区蚕病流行，政府派化学家巴斯德去解决这个问题。

巴斯德先去拜访了著名的昆虫学家法布尔。巴斯德对蚕的知识一窍不通，法布尔就耐心地把蚕怎样吐丝结茧、怎样变成蛾、怎样产卵等都给他介绍了一遍。巴斯德听完了后，说："您给我几个蚕茧，我回去研究一下。"

巴斯德对蚕病进行了认真的研究。他把病蚕和好蚕分别加水研磨成浆，放在显微镜下仔细观察，发现病蚕表皮和身体内都有椭圆形的细菌，而好蚕却没有。他意识到，就是这些细菌使蚕生病了。

巴斯德认为，要治好蚕的病，必须一只只观察产卵后的雌蚕，对有病的雌蚕连同它的卵一起烧掉，把无病的雌蚕留下做蚕种。

蚕农按照这个方法去做，一晃经过六个春夏秋冬的努力，蚕病终于消失了，法国的养蚕业又蓬勃发展起来。法布尔听说后，也大吃一惊："想不到一个门外汉能治好蚕病。"

揭开深海生物的秘密

"深海中有生物吗？"英国海洋科学家汤姆森一直在思考着这个问题。

1872 年，汤姆森和他的助手驾驶着"挑战者号"海洋调查船进行海洋探险。打捞深度慢慢增加：100 米、200 米、500 米……直到 5 500 米，都有大量的鱼虾。

"深海的压力会有多大呀？"汤姆森把一个玻璃管包上了一层法兰绒，再把它放在一个铜管中，然后放入 3 700 米深的水下。当把它打捞上来时，发现铜管已被压得不像样子，玻璃管成了碎粉屑。这说明深海的压力是非常大的。

"这么大的压力，生物怎么生活呢？"汤姆森想。

一天，汤姆森无意看到了从深海里捞上来的鱼眼睛突出眼眶，鱼骨刺出体外。汤姆森抓住这一契机，立刻展开研究。原来，深海生物的组织器官中渗透着和海水密度相同的液体，所以两者的压力相互抵消。当把鱼从深海中捞出来时，鱼体外的压力突然减少，体内的压力就把鱼眼压出眼眶，使鱼骨刺出体外。

汤姆森终于揭开了深海生物的秘密。

揭开 "神圣甲虫" 的秘密

据说，古埃及人在田间劳动时，看到蜣螂推滚着一个圆球，具有丰富天文知识的古埃及人联想到圆球是地球的象征，那么蜣螂一定是受了天空星球运转的启迪，一定很神圣。于是就把蜣螂叫做"神圣甲虫"。

法国昆虫学家法布尔并不相信这些，他决心揭开蜣螂的秘密。为了观察蜣螂的行为，他整天趴在地上，那专注的样子经常引起人们的嘲笑，但他并不理会。

法布尔经过长期的观察和研究，终于揭开了"蜣螂推圆球"的秘密。原来，蜣螂喜欢吃粪球。它的一项主要任务是把粪便卷成一个圆球，然后把圆球推回家，当做粮食。

你可不要小看这个问题，法布尔对蜣螂的观察和研究前后持续了40年。这是多么了不起的精神呀！难怪达尔文称赞他为"无与伦比的观察家"。

正是凭借这种细致入微、持之以恒的观察精神，法布尔在晚年陆续写出了《昆虫记》十卷，这是一部凝聚着他一生心血的不朽的昆虫学著作。

固体培养基

科赫生于 1843 年，是德国的一位细菌学家，后来成为细菌学的奠基人。起初，他用肉汤来繁殖细菌。肉汤虽然营养丰富，但细菌在肉汤里可以自由移动，使繁殖的细菌鱼目混杂，得不到纯净的菌种。后来，他改用煮熟了的土豆，在土豆的切面上接种菌种。这回细菌不能乱跑了，但土豆营养不足，也分离不出纯菌种。

科赫想："如果有种东西既有液体的营养，又有固体的性质该多好呀！"

一天，科赫一边吃饭，一边思考着问题。他突然看到妻子端上一盘琼脂果冻，这是他非常爱吃的食品。这会儿他将它和自己研究的细菌的培养基联系了起来。"用琼脂加上牛肉汤不是很好的培养基吗？"想到这里，他马上请妻子这样做了起来，并放到玻璃皿中。待肉汤琼脂凝固后，科赫在上面进行接种。

几天后，玻璃皿上果然长满了细菌。就这样，科赫发明了固体培养基，首先找到了分离细菌的方法，为细菌学的发展作出了巨大的贡献。1904 年，他被授予诺贝尔生理学或医学奖。

来自土壤颜色的发现

19 世纪，法国科学家巴斯德在研究炭疽病时发现，有些地方时隔数年后，还不断发生炭疽病，而且总是发生在同样的田野里。"这是怎么回事呀？"巴斯德想。

一天，巴斯德在散步时，发现有一块土壤与周围土壤的颜色不一样。他问那里的农民，农民回答："是前一年这里埋了几只死于炭疽病的羊。"

说者无心，听者有意。巴斯德想："难道死于炭疽病的羊与土壤的颜色改变有什么关系吗？"

巴斯德就仔细观察起来，发现土壤表层有大量蚯蚓带出的土粒。于是，巴斯德想到蚯蚓来回不断地从土壤深处爬到表层，就把羊尸体周围的腐殖质的泥土及泥土中含有的炭疽病芽孢带到表层。"哈哈！有了这个发现，就有可能从土壤中分离出炭疽病毒来。"这如同给他注射了一针兴奋剂。他立即进行试验，终于从埋了 12 年之久、死于炭疽病的羊尸体周围的土壤中分离出了这种病菌，并接种到豚鼠身上，结果豚鼠真的得了炭疽病。

对狗的"假饲"实验

18 世纪的时候，有人迫使鸟把装着不同食物的管子吞下去，过一会儿再把管子拉出来，以研究食物的消化。

前人的研究对俄国生理学家巴甫洛夫的启发很大。他认为前人的研究受到了实验的限制，于是另辟蹊径，设计了精巧的"假饲"实验：在狗的胃部安装了收集胃液的瘘管，然后将狗的食管割断，造一个漏孔：狗每次狼吞虎咽地把食物吞进去，食物就从漏孔中掉了出去，胃里根本没有食物，却分泌大量胃液漏进瘘管。

在实验中巴甫洛夫还发现，第 10 对脑神经即迷走神经是负责胃腺分泌的神经。他切断迷走神经后，继续对狗"假饲"，胃就不分泌胃液了。后来，他用类似的方法，证明了胰腺也有对应的分泌神经。

由于巴甫洛夫在消化生理学方面的杰出贡献，他于 1904 年获得诺贝尔生理学或医学奖。

为他人证实假说

"白喉病是怎样致人死于非命的？"德国细菌学家莱夫勒在19世纪就在认真研究这个问题。他通过试验证明动物因注射白喉杆菌而死亡时，细菌仍停留在注射点附近。于是，他作出了一种假设：动物死亡是动物毒素所造成的。

后来，法国医生罗克斯根据莱夫勒的假说，想来证明这个问题。一次，他孤注一掷，给豚鼠注射了35毫升的大剂量培养液的滤液。说来奇怪，这只豚鼠虽注射了大剂量的液体组织后，竟然没有死亡。过了些日子，这只豚鼠才患白喉中毒而死。

"这是怎么回事呢？"罗克斯如同发现了新大陆，他马上分析原因。这只豚鼠没有马上死的原因是，培养液中的细菌培养的时间不够，从而导致产生的毒素不足带来。这使他认识到，增加细菌培养的时间就能制成毒性很大的滤液，用这样的滤液就可预防一白喉。

这一发现带来了预防白喉的免疫法。

战胜白喉

1890 年，德国细菌学家贝林在豚鼠身上注射白喉杆菌，使它们患白喉病，然后注射不同毒性的药物进行治疗，结果，成百只豚鼠死亡，却有两只侥幸活了下来。

"这是怎么回事呢？"贝林把比上次剂量更大的白喉杆菌给这两只豚鼠注射，"哈哈！它们竟安然无恙，丝毫没有不正常的反应。"他又把从白喉杆菌中分离出来的剧毒白喉毒素注射到两只豚鼠身上，结果还是没有发现任何异常的现象。

"这两只豚鼠体内，一定产生了某种能中和毒素的白喉抗毒素血清。"贝林看到了希望。可是，由于豚鼠身上的血清太少，不可能治疗大量的病人，于是他以同样的方法在大型动物身上做实验，最后，终于在羊身上取得了大量的抗毒素血清。

1891 年，德国柏里格医院用贝林发明的白喉抗毒素血清给一个已经奄奄一息的白喉病人注射，结果出现了奇迹。贝林成功了！白喉再不是不治之症。贝林也因此在 1901 年荣获诺贝尔生理学或医学奖。

小鸡吃白米吃出了问题

1896 年，荷兰医生艾克曼买来了一批鸡做试验。几个月后，这群鸡患了病，小鸡走路不稳，慢慢地呼吸困难，有的甚至昏迷死亡，其症状非常像人患的脚气病。

过了一些日子，小鸡又挣扎着站了起来。奇怪的是，这群小鸡没有经过任何治疗，病竟全好了。"这是怎么回事呀？"艾克曼简直有点丈二和尚摸不着头脑啦！

忽然，他想起来了：他换过一个养鸡人，难道是这里面有文章？

于是，他就找来那两个养鸡人进行了调查。原来是第一个人把买鸡饲料的钱扣下了，直接用精米喂鸡；第二个人专门买了米糠喂鸡。

"哎，这说明米糠里含有治疗脚气病的物质。"艾克曼试着用米糠来喂有这样病的小鸡，果然小鸡的病就好了。

接着，他又用米糠烧水让有脚气病的人喝，乖乖，病人也好了。艾克曼也因为这一发现于 1929 年获得诺贝尔生理学或医学奖。

后来，人们发现米糠里含有维生素 B_1，正是维生素 B_1 治好了脚气病。

杂交葡萄

19 世纪的时候，在俄国北方的科兹洛夫一带不产葡萄。水果店从南方运来葡萄，价格很贵。住在科兹洛夫的植物育种家、园艺家米丘林想："能不能把南方的品种引过来呢？"

于是，他从南方购来一些葡萄秧，在玻璃棚里培养，但移到外面长的葡萄又小又硬，还没有成熟严冬就来临了。

米丘林分析，原因是这里的光线不足。他试图改造葡萄的习性，但也没有成功。

有一天，他看到一本书上说，西伯利亚东部的大森林里有一种野葡萄长得很好。这使米丘林眼前豁然一亮。他马上就给在西伯利亚工作的科学家、猎人、军人写信，请求他们寄一些大森林的野葡萄秧来。

很快，米丘林的果园里来了一位新客人——森林野葡萄。他用这种野葡萄和南方的葡萄进行杂交，经过精心管理培育了几代，终于长出了颗粒饱满的葡萄来

"果树育种之父"

19 世纪末，米丘林用人工授粉改造果树失败了。他想："人工授粉虽然不能在当年使优良花粉发挥优势，或许它能够传给自己的后代。"可果子依然小得可怜。

他所居住的地方十分寒冷。他把南方优良品种的枝芽，嫁接在北方耐寒品种的砧木上。结果树是接活了，但严寒把所有的接枝都冻死了。

在实验中，他发现了植物的一个重要特性：杂交幼苗容易受外界的影响。他又发现沙地上长出的幼苗比较耐寒。这时他明白了：土壤肥，环境条件好，幼苗长娇了不耐寒。必须用贫瘠的沙质土壤来训练耐寒的幼苗。

1900 年，他找到一大片沙质地，把树苗一棵棵移栽过去。经过七八年的实验，终于把耐寒的优良果树品种培育成功了。米丘林先后发明了多种育种方法，成功地培育了许多新品种，被尊称为"果树育种之父"。

血型的发现

19 世纪以前，对大出血的病人进行输血，死亡率很高。"这是什么原因呢?"奥地利病理学家兰茨泰纳一直在思考这个问题。他收集了几十个人的血液，并把血液中的各种成分分开，将红细胞、白细胞、血小板、血清等分别装入小碟子中。他取出一个人的红细胞分别向这些小碟子进行滴加。

"哇! 出现的情况很有趣。"兰茨泰纳兴奋地说，"有一些血清同红细胞凝集成团，有的不凝集。这是怎么回事呢?"

兰茨泰纳在这个基础上继续进行研究，反复实验，终于发现血液里有 A、B、O 三种血型。即 A 型血红细胞里含有 A 凝集原；B 型血红细胞里含有 B 凝集原；O 型血两种凝集原都没有。第二年，他又发现 AB 型血，红细胞两种凝集原都有。输血的时候，如果血型选择不当，红细胞就会凝集成团，堵塞肾脏的微血管，使病人死亡。就此，他于 1900 ~ 1901 年首先确定了人类血液有 O、A、B 和 AB 四型。他因发现了血型而获 1930 年诺贝尔生理学或医学奖。

热检测法的来历

1902 年的一天，奥地利耳科医生巴拉尼用热水给病人冲洗耳中脓液，发现病人的眼球震颤，不由自主急速地旋转，病人惊叫起来："我晕得难受。"他又改用凉水，病人仍叫头晕。当改用和体温一样的水时，病人才说不晕，眼球也不震颤了。

巴拉尼是个有心人。他发现灌热水时，眼球朝一个方向转；改用冷水，眼球就朝另一个方向转。"这是怎么回事呢？"

一天，他烧了一桶水打算洗澡，他用手试了试水热了没有。他意外地发现，上层的水热了，下层的水刚有点温。"哦，热水密度小会上升，而冷水密度大会下降。"巴拉尼受到了启发，"内耳有淋巴液，热水使淋巴液上升，冷水使淋巴液下降，是淋巴液的运动使人体平衡失调，这才引起了眩晕。"

根据这个道理，巴拉尼于 1905 年发明了热检测法，用来检测人的平衡系统。他于 1914 年获得诺贝尔生理学或医学奖。

猫晒太阳的奥妙

有一天，正在散步的丹麦医学家芬森偶然看见一只猫在露天晒太阳，而且随着阴影的移动而移动身体。"哦，这是为什么呀？"他就仔细观察起来。

他发现了一个有趣的现象：这只猫身上有一个伤口，猫随着阴影的移动而移动身体，是为了让阳光始终照在伤口上。

猫为什么要晒太阳呢？他抱起那只猫，看到它身上的伤口已经愈合了。他是一个善于观察的人，马上就到图书馆里查阅资料，寻找问题的答案。他还在一些小动物身上做实验。

经过不懈的研究，他终于发现太阳光中有紫外线，能杀灭细菌，有利于伤口的愈合。皮肤中有胆固醇，在太阳光的照射下能够转变成维生素 D，有利于骨骼的发育，儿童晒太阳很有好处。

芬森在这个基础上继续研究光对人体的生理作用，成为光疗法的开拓者，并因此于 1903 年获得了诺贝尔生理学或医学奖。

看树木的年轮知气象

1904 年，美国天文学家道格拉斯来到伐木场进行实地考察，在一家农户门前看到了一个大树桩，他仔细看了一下，就对主人说："你这棵树是 1894 年砍下的。"

主人听后非常吃惊，说："是呀，正是 10 年前砍下的。"

"1883 年前，你们这里还闹过多年的旱灾。"道格拉斯继续说。

主人惊讶得合不拢嘴，因为道格拉斯又说对了。"他神了，他会算呀！"

原来，道格拉斯对树木年轮进行过深入的研究，他认为树木年轮的宽窄变化可显示太阳黑子活动与陆地上的气候和植被之间的关系。

道格拉斯通过自己的研究，创立了"树木年代学"。

年轮

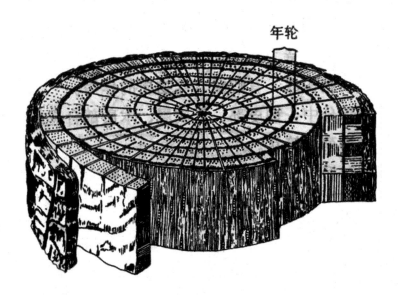

由海星所想到的

俄国生物学家梅契尼科夫读了巴斯德关于微生物可以致病的著述后，对这个问题很感兴趣。一天，他在研究海星消化食物时，意外地发现了动物体内有一种游走细胞，就像变形虫一样，能游向食物把食物包裹起来吞下去。

梅契尼科夫面对这种情况，产生了一个大胆奇妙的联想："海星体内的这些游走细胞，可以吃掉食物，同时一定也能吃掉微生物！这些游走细胞可能保护海星免受微生物侵犯。而我们人类血液中的白细胞，可能也和海星的游走细胞类似，从而保护我们不受病菌的侵犯，是保护人体的卫士！"

哈哈！就是这些奇妙的联想，促使梅契尼科夫动手进行各种周密的实验，从而拉开了人体免疫功能研究的序幕，他也因此在 1908 年获得诺贝尔生理学或医学奖。

"曲焕章白药"

一次，医生曲焕章上山采药，黄昏时他看见草丛中有一只野兽，他搬起大石头向野兽猛力砸去，竟把野兽砸得不能活动。他走近一看："妈呀，原来是只老虎！"他怕老虎没有死，又操起挖药工具一阵猛砸，他确信老虎已死，才匆忙下山。

第二天，曲焕章带着几个村民来抬老虎。不料，老虎已经不见了。这令他们大为惊讶！当他们顺着血迹跟踪时，多处血迹旁都有老虎嚼碎的野生植物。这引起了当医生的曲焕章的极大兴趣。"老虎是食肉动物，一般是不吃植物的。莫非是这种植物能够止血疗伤，老虎是靠它来保全性命的？"曲焕章想，"如果真是这样的话，用这种植物就可治疗外伤。"想到这里，曲焕章停止了对老虎的追踪，集中精力收集和研究起这种野生植物来。

几经研究，他发现这种植物对治疗跌打损伤具有奇效。经过反复筛选、提炼、精制，他终于在1908年研制成功"曲焕章白药"，在国际上被视为疗伤珍品。

"现代遗传学之父"

1909 年，美国著名遗传学家摩尔根，开始用果蝇做遗传学实验。每一次实验，他都能培养成千上万只果蝇。

1910 年的一天，摩尔根在一群红眼果蝇中发现了一只白眼果蝇。"怎么红眼果蝇中会有白眼果蝇呢？"摩尔根感到好奇。

于是，他用这只白眼果蝇同这些红眼果蝇交配，发现第二代白眼果蝇全是雄性的。这说明，决定白眼的基因与决定性别的基因是联系在一起的。由于实验已经证明性别是由染色体决定的，因此，白眼基因也一定在染色体内。

哈哈！这可是一个重要发现，这是染色体作为基因载体所获得的第一个实验证据。

就这样，摩尔根和他的学生们经过几十年的努力，终于建立了基因遗传学说，遗传学因此成为 20 世纪最为活跃的研究领域之一，摩尔根也获得了"现代遗传学之父"的美誉，并于 1933 年获诺贝尔生理学或医学奖。

从溏心鸡蛋中得到的启迪

1914 年，第一次世界大战爆发了。战场上急需大量的血液，但血液不好保存，很快就会凝固。阿根廷医生阿尔戈特为了解决这个问题，绞尽脑汁。

1915 年的一天早晨，他煮鸡蛋的时候，加进了一点柠檬酸钠。他把煮好的鸡蛋拿到餐桌上准备用餐。当他把鸡蛋皮剥开时却怔住了："这是怎么回事呀？竟是一个溏心蛋！煮这么长的时间怎么会还不凝固呢？"

他马上明白了过来，鸡蛋没有凝固，可能是与加了柠檬酸钠有关吧？阿尔戈特立刻联想到："血液中也有蛋白质，用柠檬酸钠可以防止血液凝固！"

他顾不上吃饭，马上跑到实验室去和同事们进行实验。抽了一点血，加入了一点柠檬酸钠，过了一会儿，血液竟真的没有凝固。他们又为一只动物进行了输血，几分钟、几小时，几天过去了，这只动物一直很正常。

就这样，阿尔戈特发现了柠檬酸钠可作为血液的抗凝剂。

"卡介苗"的来历

20世纪初，法国的细菌学家卡尔美和介林为培养结核杆菌而烦恼："怎么琴纳在牛身上能取得种痘疫苗的成功，而结核杆菌在其他动物身上接种就不行呀？"

两个人来到了一块玉米田旁。"玉米怎么长得这么矮？"他们感到很奇怪。

"是呀。"一个农民说，"种子退化了，生长不好。"

"哦，种子退化?!"两个人如获至宝，急忙转头向后走。

这句话给了他们很大的启发，他们马上联想到："如果把毒性强烈的结核杆菌一代一代培养下去，它的毒性是否也会退化呢？用这种退化了毒性的结核杆菌，再注射到人体中，那不就可以既不伤害身体，又能使人体产生抗体了吗？"

他们按照这个思路，在动物身上进行了230次试验，最终获得了成功。1921年，他们将减毒活结核杆菌疫苗首次应用于人类，成功地预防了肺结核。人们为了纪念这两位科学家，就把这种疫苗叫做"卡介苗"。

溶菌酶的发现

英国细菌学家弗莱明很善于提出问题。1921 年他对眼睛的抵抗力产生了兴趣。他想："人的眼睛整天睁着，难免受到细菌的伤害，但眼睛为什么很少受到细菌的感染呢？是不是眼睛里有什么物质在起着作用呀？"

为了研究这个问题，他收集了一些眼泪，再把一些细菌接种到眼泪里，结果，细菌很快就死了。

"哈哈！问题就在这里。"弗莱明如同发现了新大陆，"人的眼泪里一定存在着一种能使细菌致死的物质。"他通过实验得出结论。

这样，他经过几年的研究，终于找到了眼泪中一种未知的蛋白质，这种蛋白质遇到细菌时能把细菌的细胞壁溶化掉，使细菌丧失抵抗力而死亡。后来，科学家把这种能溶解细菌细胞壁的蛋白质叫溶菌酶。

青霉素的发现

1928 年，英国细菌学家弗莱明正在进行着葡萄球菌的培养，试验过程中需要多次打开容器。当时的试验条件很差，试验室里有许多灰尘。

有一天，弗莱明发现一个病菌培养皿没有盖上盖子，培养皿落上了许多灰尘，生长了许多杂菌。

"哎，奇怪呀，杂菌周围的葡萄球菌怎么死了?"弗莱明发现了新问题，"是哪一种细菌杀死了葡萄球菌呢?"为了研究发现的新问题，他又继续做试验，通过研究发现那是一种普通的霉菌——青霉，青霉的代谢产物有杀死葡萄球菌的作用，这就是我们现在所说的青霉素。如今青霉素的应用十分广泛。弗莱明因此于 1945 年获得了诺贝尔生理学或医学奖。

葡萄球菌为什么会被杀死呢? 弗莱明认为青霉菌应该释放出了一种杀菌物质，弗莱明发表论文称之为青霉素;

首创心脏导管术

　　德国医生福斯曼通过查阅资料知道，两位法国人在 1861 年曾将测压计从动物颈部血管引导到右心房和右心室，或导入左心房和左心室。

　　福斯曼想：是不是可以在人身上做这个试验呀？

　　当时有人将导管插入人体静脉内探查，以作为动脉内治疗的预备试验，没有引起不良后果。这更坚定了福斯曼在人体内试验心脏导管术的信心。

　　福斯曼首先在尸体上进行试验。

　　1929 年，一个医生来他这里住院，他好不容易说服了这个医生在他身上做这个试验。这位医生把一根导管插进 35 厘米时就停止了，说："再做有危险。"

　　一个星期后，福斯曼想出了一个好办法。他让护士拿着一面镜子站在 X 光屏前，他坐在荧光屏的后面进行操作，通过镜子的反射可以清楚地看到荧光屏上所有显示的影像。橡皮管缓缓进入了锁骨下静脉，拐了个弯进入了上腔静脉，一直推进了 65.77 厘米，到达了右心房。他还请放射科的医生为他拍了 X 光片。

　　由于首创了心脏导管术，福斯曼在 1956 年获得了诺贝尔生理学或医学奖。

救了女儿一条命

20 世纪 20 年代，德国化学家多马克受欧立希的启发，也开始研究用颜料去治小白鼠的败血病。长时间的试验，死去的小白鼠数以万计，更换的颜料已有 1 000 多种，多马克仍在顽强地试验着。

1932 年底，多马克终于获得成功，他用一种橘红色的颜料治好小白鼠的败血病，这种颜料叫"百浪多息"。不巧，多马克的女儿在玩耍时手指被扎破了，因感染浑身发烧，已发展成了败血病。医生告诉多马克："再也没有希望了。"多马克心急如焚，他在显微镜下看到了女儿的血液里有许多链球菌，他想："老鼠的败血病能治好，人就不行吗？"于是，他从实验室里拿来了两瓶"百浪多息"，注射到女儿的身上。第二天，女儿的病情果然大为好转，不久就痊愈了。

1935 年，多马克公布了他的研究成果，他的发现引起了细菌化学疗法的革命，他也因此于 1939 年获诺贝尔生理学或医学奖。

小鸡为什么出血不止

　　1929 年，丹麦科学家达姆用去掉了胆固醇的饲料喂鸡，小鸡长得很瘦弱。达姆发现，在小鸡的皮下有出血的症状。他用针刺一下，结果小鸡血流不止，直到把血流光死去。

　　"哎，这是怎么回事呀？"达姆怀疑起来，"在正常情况下，小鸡血液中的血小板正常的话，血液就会很快凝固的呀？难道是缺乏胆固醇造成的吗？"

　　达姆推测着："难道是饲料中还缺乏什么东西？"他试着在饲料中加柠檬汁、亚麻子油……也没有效果。但在饲料中加入谷物时，出血症状消失了。但谷物里的成分很多，有淀粉、脂肪、蛋白质、维生素等，到底是哪一种呢？

　　后来，达姆在饲料中加入动物肝脏和菠菜，结果小鸡皮下不流血了。

　　他进一步研究，在1934 年发现这是维生素 K 所起的作用，维生素 K 能加快凝血酶凝血。他因此于1943 年获得诺贝尔生理学或医学奖。

维生素 P 的发现

1936 年，匈牙利生理学家斯才脱和雷格正在研究豚鼠的坏血病。"怎么用精白面食喂养健康的豚鼠，不给它水果吃，不到一个月豚鼠就得了坏血病呢？"斯才脱分析起来。

"给豚鼠吃治疗坏血病的特效药——纯维生素 C 可能就会好的。"雷格建议。

结果，患坏血病的豚鼠吃了纯维生素 C，却没有丝毫效果。

"这是怎么回事呀？"斯才脱怀疑起来，"我们改用含丰富维生素 C 的柠檬皮汁去喂豚鼠，看看会怎么样？"

哈哈！豚鼠的坏血病竟很快好了。"看来，柠檬皮中可能含有尚未知晓的新物质！"斯才脱和雷格认真分析起来。

后来，他们继续研究用纯维生素 C 和柠檬皮汁联合起来治疗豚鼠的坏血病，效果很好。于是，他们把存在于柠檬皮之中的另一种维生素称为维生素 P，并从柑橘中提取了这种维生素。

寻找结核病的克星

1924 年的一天，美国科学家瓦克斯曼所在的研究所接受了美国结核病协会的委托，完成一项研究任务：进入土壤的结核菌到哪里去了？他们经过 3 年的研究，最后确认进入土壤的结核菌全部被消灭了。"是什么东西把结核菌消灭了呢?"瓦克斯曼在分析着，"找到它就等于找到了治疗结核病的方法。"

他和助手开始进行漫长而艰苦的试验：100 种、200 种、500 种……到 1943 年，瓦克斯曼和助手试验过的细菌已达 10000 多种。

就在这一年，他们分离出了一种完全符合要求的灰色的放线菌（后来叫灰色链霉菌），并发现它对结核菌有抑制作用。经过提纯研制了一种新的抗生素，顺利地通过了动物试验和长期观察。后来，确认这种新药对治疗结核病有特效。

1944 年 1 月，瓦克斯曼宣布链霉素诞生了！1952 年，他因为发现链霉素获得诺贝尔生理学或医学奖。

睡觉眼珠转动与做梦有关吗

一天，一位奥地利医生忽然发现，已经睡着了的儿子的眼珠转动起来。医生感到很奇怪。他马上把儿子叫醒，儿子说是做了一个梦。

"难道做梦还要转动眼珠吗？"医生就把儿子当做观察的对象，每当儿子睡觉时，他就坐在儿子的身旁。一旦发现儿子的眼珠转动时，他就把儿子叫醒，儿子总是说在做梦。

继而，他对妻子进行了观察，又观察了邻居，最后观察了病人。得到的都是相同的说法。这位医生根据自己的观察，写出了一篇论文，指出人在睡觉时眼珠转动，表示睡觉的人在做梦。他的论文立即引起了各国科学家的关注。他的结论和今天用脑电波测量的数据是相吻合的。

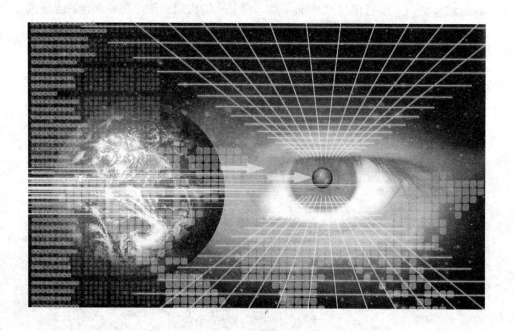

战争带来的机遇

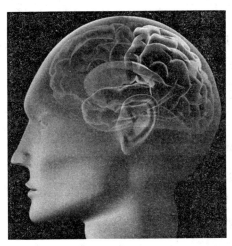

在第二次世界大战期间，美国士兵约翰的头部受伤，医生不得不切除了他大脑中的胼胝体，胼胝体是连接大脑左右半球两部分的"枢纽"，主要是由神经纤维组成的。这样，约翰的左右脑之间就失去了联系，出现了许多稀奇古怪的现象。

美国加利福尼亚大学生理学教授斯佩里听到了这个消息后，深感这个特殊的病例对大脑科学研究来说，是非常宝贵的机遇，他心想："绝不能放过这个机会。"他立刻赶来，对约翰进行观察研究。经过长时间的研究，他终于揭示了人脑左右半球的不同功能和两者之间的联系。因在这方面的突出成就，他获得了1981年的诺贝尔生理学或医学奖。

生命起源的模拟

1953年，美国博士米勒想在容器里合成氨基酸！教授们对米勒的实验方案大为摇头，认为这是在浪费宝贵的时间和精力。不过，米勒的导师、诺贝尔奖获得者尤里教授却支持他："没有想过的，并不意味着不可能成功！"

米勒事先设计了一个特殊的大玻璃容器，将仪器抽成真空，并用130℃高温消毒。然后再通入氨、甲烷、氢气，同原始大气基本相同。

他使用一个人造"太阳"——高电弧，模拟太阳的辐射。电弧的放电，像大自然的电闪雷鸣，不断辐射出能量。此时，仪器内的各种气体和水蒸气混杂在一起，烟雾腾腾，相互碰撞、对流，循环往返……

后来，随着时间的推移，水的颜色越来越深，直至成为深红色。一个星期过去了，米勒取出真空容器中的水进行分析，居然得到了组成生命不可缺少的蛋白质原料——氨基酸。人工合成氨基酸实验的成功，震动了整个科学界，这是探索生命起源的又一重大成果。

"汤氏病毒"

我国科学家汤飞凡和同事们经常讨论这样一个问题："为什么沙眼病毒就没有人能分离出来呢？"

20 世纪 50 年代的一天，他突然想起一个新线索：分离不出沙眼病毒，会不会是做实验时使用了青霉素和链霉素，把沙眼病毒杀死了呢？

汤飞凡有了这个新思路，就到医院里了解青霉素、链霉素对沙眼的治疗效果；到图书馆查阅资料。综合调查结果是：链霉素对治疗沙眼基本无效，说明它对沙眼没有伤害；青霉素对治疗沙眼有无效果说法不一。

根据这个调查结果，汤飞凡和同事们设想以减少青霉素的注入量来提取沙眼病毒。通过大量的实验，终于在 1955 年，以原注入量 1/5 的青霉素，分离出了世界上第一株沙眼病毒。因此，沙眼病毒后来也被称为"汤氏病毒"。

来自飞蛾扑窗的启示

建国初期，我国实验生物学家朱洗对印度蚕进行试验，可是未能获得成功。夜已深了，他想："这是今年最后一代蓖麻蚕，难道又要和往年一样，就这样永别了吗？"他的心情格外沉重。

正在这时，有几只蛾子将玻璃窗碰得"砰砰"响，朱洗顿时觉得豁然开朗："这些窗外的飞蛾是不是被室内的蓖麻蚕吸引来约会的呢？能不能让这些自动来约会的飞蛾和蓖麻蚕交配，产生新的一代，来改变蓖麻蚕的习性呢？"

朱洗急忙捉了几只雄飞蛾，让它们来和雌蓖麻蚕组成"家庭"。几天后，这些"家庭"便有了新成员诞生。

接着，朱洗用这些新交配出的蚕子，一代一代地培育，先后培育了6代，终于获得了成功。从1956年开始，蓖麻蚕就成了我国蚕家族的新成员。

揭开蚂蚁的秘密

20世纪50年代，美国青年科学家威尔逊对蚂蚁很感兴趣。他在离蚂蚁窝不远的地方放上一点糖，不一会儿负责侦察的蚂蚁就发现了，在糖周围稍一停顿，就返回去报信了。

很快，一支蚂蚁队伍就开来了。

"蚂蚁为什么会统一行动呢？"威尔逊在蚂蚁的通道上划了一道沟，蚂蚁走到这里不知所措，左试试，右探探，最后勇敢地闯过去。后面的蚂蚁也跟着爬了过去。

后来，威尔逊在这条道上放了一块大石头，挡住了蚂蚁的去路，蚂蚁队伍立即乱作一团，四处散开。最后，有一只蚂蚁发现了通过石头的新路，并朝着有糖的方向爬去，其他蚂蚁也随着爬去。

威尔逊推测出，蚂蚁是不是在地上留下了示踪的物质，从而不会迷失方向呢？

经过长期的研究，威尔逊终于发现了蚂蚁的秘密：蚂蚁从肛门里排出一种示踪激素，撒在地上，散发出一种特殊的气味，以便进行联系。

纤细发丝揭开百年疑团

1815 年，滑铁卢惨败后，法国统帅拿破仑被流放到圣赫勒拿岛。1821 年，年仅 52 岁的拿破仑死于该岛。

关于拿破仑的死因，众说纷纭。有的说是被毒死的，有的说是病死的，但都缺乏科学根据，无法定论。

1957 年 11 月，瑞典医生福肖富德看到一篇文章说，用一根头发能分析出头发中砒霜（三氧化二砷）的含量。他受到启发，同拿破仑的后裔取得联系，索取了拿破仑的头发。

福肖富德用现代技术鉴定了拿破仑头发中各个部位的砷的含量。他发现越接近根部，砷的含量越多。

在以后的若干年，他分析了死于癌症的人头发中的砷的含量；圣赫勒拿岛上热带病患者头发中砷的含量；服毒自杀者头发中砷的含量。通过大量的试验证明：拿破仑头发中砷的含量比正常人高 40 多倍，这就无可辩驳地说明拿破仑是被人害死的。

人工合成 "类蛋白质"

1958 年，英国生物化学家福克斯将 18 种氨基酸混合在一起，在无水条件下加热至 150℃～170℃。连续加热 2 个小时后，福克斯发现，这些混在一起的氨基酸，竟杂乱无章地聚成一条条长链，很像蛋白质分子中的长链！

"这些同蛋白质结构很相似的长链与蛋白质有什么联系呢?"福克斯想到了一种验证方法：真正的蛋白质在消化酶的作用下，会被水解成氨基酸。于是，他就做起了实验，结果发现这些"长链"物质在消化酶的作用下，也会被水解成氨基酸。由于细菌常把蛋白质当食物，所以，福克斯又用细菌验证，发现细菌也能靠这种"长链"物质滋养生长。

正因为这种"长链"物质太像蛋白质了，所以，福克斯称它为"类蛋白质"。这项实验的重大成果，使福克斯在探索生命起源的道路上又迈出了重要一步。

"杂交水稻之父"的发现

1964年6月20日，正值水稻扬花抽穗之时。我国科学家、"杂交水稻之父"袁隆平头顶烈日，脚踩烂泥，手持放大镜，整日站在稻海里，一垄垄，一行行，一株株地观察寻找杂交雄性不育水稻种。他累得腰酸背痛，喉咙冒火，而锐利的稻叶，把他的两臂划得奇痒无比。这些困难没有把袁隆平吓倒，而是始终坚持着。

到了第14天，突然，在起伏的稻海里，一株叶茂根深、性状特异的雄性不育水稻出现在袁隆平的面前。他小心地把它拔了起来，放在试验盆里栽培，并小心地把别的水稻的花粉授入到一朵朵小花蕊里，进行人工杂交。经过精心培育，终于得到了数百粒种子，成功地繁殖了第一代雄性不育稻种，为他后来获得成功奠定了基础。

X 射线辐射治虫

人们在千方百计地寻找对付病虫害的方法。农药治虫的污染越来越受到人们的重视。"那么，用什么方法进行灭虫好呢？"科学家在思索着。

从 X 射线发现以来，人们在许多领域受惠于 X 射线的同时，也发现它对人类的危害。"用 X 射线辐射治虫不行吗？"科学家由危害想到了它的用途。

效果怎么样？只有通过试验才能说明问题。科学家在一系列的试验中发现，用 X 射线照射害虫，它们就无法繁殖后代，断子绝孙了。

19 世纪 60 年代，美国库拉克岛上的新大陆螺旋蝇在动物伤口上取食，导致牲畜感染死亡。在昆虫学家尼普林的指导下，技术人员运用昆虫辐射不育技术，在该岛释放大批量辐射不育的螺旋蝇，7 周后，该岛上的螺旋蝇被根除。这是人类第一次在自然界中灭绝一个害虫种群。

人造血管的来历

1971 年的一天，美国戈尔公司的创办人戈尔和几个朋友在山坡上滑雪。戈尔无意之中从口袋里掏出了一小段性能优良的"塑料王"管子拉了拉。

"那是什么？"有位医生问。戈尔向他介绍了"塑料王"的优良性能。医生马上认识到它的价值："可以把它和猪的心血管联起来。下一步就用于人造血管的试验。"

1975 年，医生发现一个病人的动脉接了"塑料王"管子之后，管壁上长了个气泡泡。显然这是人造血管的强度不够，经受不了血的压力，如让气泡泡继续扩大，就会影响病人的生命。他马上找来戈尔帮忙解决问题。

"这应该怎么办呀？"戈尔公司的职员就此展开了热烈的讨论。一位职员说："在管子的表面再敷一层膜，就可增强管子的强度。"

按照这个办法一试，果然灵验。此后，戈尔公司的科技工作者经过 20 多次的实验，终于制造出了人造血管。

117 变成 11.7 引出的发现

1977 年，美国密执安大学的园艺学教授里斯，带领着学生用切碎的苜蓿叶作基肥，把它施在番茄地里，要求每公顷施 117 千克。有一位学生把 117 看成了 11.7，这样在一块一公顷的地里只施了 11.7 千克苜蓿叶。

事后，这位学生才告诉了老师，但已无法补救。

可是，奇怪的事情发生了。在收获的季节，仅施了 11.7 千克苜蓿叶的那一公顷番茄地，与每公顷施 117 千克苜蓿叶的番茄地一样，都增产了 1 吨多。

"真是怪事。"里斯陷入了沉思，"苜蓿是豆科植物，单靠它含的氮、磷、钾是不会有这样大的增产幅度的。或许它里面含有另一种能起高效作用的物质?"

于是，里斯教授着手试验、分析、研究苜蓿中的化学成分，发现了一种白色鳞片状的结晶物质，进行测定，终于揭开了它的"庐山真面目"。它是 42 年前发现的三十烷醇，人们一度把它作为一种有机化学试剂使用。研究发现，三十烷醇是一种神奇的无毒植物生长激素。

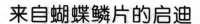

来自蝴蝶鳞片的启迪

人造卫星进入太空后，在太阳光的辐射下卫星温度可达到100℃～200℃，从而影响仪器的使用。而卫星进入地球的阴影区时，温度又陡然下降。科学家虽然采取了多种措施，但收效甚微。

"这可怎么办呢？"科学家在思考着。

科学家研究了一种具有调节体温能力的七彩蝴蝶，使科学家的思维茅塞顿开：七彩蝴蝶身上的鳞片有着无数个"反光镜"。当温度升高时，鳞片可自动张开，以避免太阳的灼伤；当温度下降时，鳞片会紧紧贴在身体的表面，以吸收热能，增加体温。

在这个基础上，科学家制成了一种灵巧的"百叶窗"仿生控制装置，如同蝴蝶鳞片那样，可以自动收缩和开放，圆满地解决了卫星控温的问题。

靠耳朵的发现

鸟类学家要靠眼睛鉴别才能发现新种。美国鸟类学家帕克却另辟蹊径，他想："在茂密的森林里，鸟在树上根本就看不清。可是每一种鸟的鸣叫都有自己独特的声音，如同人的声纹一样，用鸟的声纹也可鉴别鸟。"要不的话，要鉴别一只就要打下一只，许多鸟就会成为"冤死鬼"。

他的思路一打开，研究工作就有了新的局面。他跋涉于亚马孙河畔的原始森林中，那里是鸟类的天堂。他用了5年的时间，录制了几千种鸟类的叫声。他锻炼出灵敏的听觉，只要听到鸟叫，他就能判断出这是一种什么样的鸟。这些录音，是一部珍贵的鸟语词典，是鸟的档案库，用它可以鉴别鸟种，发现新种。

有一次，帕克来到森林中，他听到了一种全新的鸟叫声，鸟语词典中没有。他用枪将那只鸟打落下来鉴别，果然是霸翁鸟的一个新亚种。

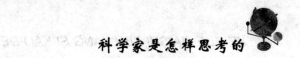

因祸得"福"

有一次，前苏联一个戴眼镜的孩子摔了一跤，把眼镜打碎了。更为不幸的是，碎玻璃片刺进了他的眼睛，刺伤了他的角膜。莫斯科眼科手术研究所的弗奥多洛夫博士给他做了手术，顺利清除了眼中的碎玻璃，治愈了他的眼角膜。

手术之后，出现了意想不到的效果。这个男孩的视力比受伤前有了明显的提高，竟能看清了他本来看不清的视力表上的最后一排符号。

"为什么会出现这种情况呢?"弗奥多洛夫博士仔细分析，终于找到了原因。原来是在取出眼镜碎片的手术中，意外地改变了这个男孩眼角膜的弯曲度，从而导致了男孩视力的提高。

值得一提的是，弗奥多洛夫博士由此而发明了通过改变眼角膜弯曲度来治疗眼睛近视的新技术。

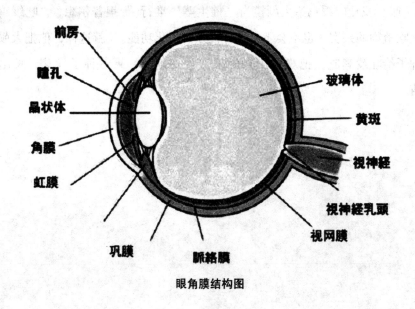

眼角膜结构图

吐绶鸡为大颅榄当"催生婆"

在非洲马达加斯加岛上，生活着 13 棵名贵的树——大颅榄。到 1981 年就有了 300 岁的高龄。一旦这 13 棵树老朽而亡，地球上就没有这种树了。

美国生态学家坦普尔十分关注这种树的命运。他发现一只渡渡鸟的遗骸，它的身体里有大颅榄的种子。最后几只渡渡鸟是在 1681 年死去的，离 1981 年正好是 300 年，这是偶然的巧合吗？还是渡渡鸟的灭绝造成了大颅榄的不育呢？

自从 1507 年，葡萄牙人发现了这个岛屿后，渡渡鸟就遭受了厄运，狗和猪都吃渡渡鸟的卵。坦普尔猜想：渡渡鸟的灭绝，给大颅榄带来了危机，难道是它与渡渡鸟有共生的关系吗？渡渡鸟的胃囊有很强的消化作用，把硬壳给磨薄了，大颅榄的种子就能发芽。

"哎！我让吐绶鸡给大颅榄当'催生婆'准行。"坦普尔想，"吐绶鸡也喜欢吃植物的果实，也不会飞，也有很强的消化功能。"就这样，他把大颅榄的种子给吐绶鸡吃，把鸡拉出来的果实种在地里，果然种子发芽，长出了幼苗。

植物血型的发现

20 世纪 80 年代初，在日本的一个小城里发生了一起凶杀案，一个日本妇女夜间在寓所里被杀，身中数刀，流血而死。

日本法医山本茂对粘有血迹的衣物化验后，发现有 A 型、B 型、AB 型三种血型。"这就奇怪了，死者是 A 型血，凶器上的 B 型血是凶手的，那 AB 型血又是谁的呢？"他为此绞尽脑汁。正在一筹莫展之际，有人半开玩笑地说："莫非枕头里的荞麦皮是 AB 型？"

这使山本茂眼前一亮："对呀，分析一下不就知道了吗？"

经过化验分析，他发现 AB 型血果然是荞麦皮的！

这一起杀人案，促使山本茂发现了植物血型。为了证实这个问题，他反复对 600 多种植物的果实和种子进行化验，发现植物的血型中半数为 O 型，其余为 A 型、B 型和 AB 型。

人造青蛙眼睛

美国新泽西州卡姆典应用研究试验所的一位科学家，有一天去河里钓鱼。他蹲在河畔时，看到有一只青蛙静静地伏在石头上。这本是很平常的现象，但却引起了这位科学家极大的兴趣。他仔细地观察着。忽然，他看到了一只小昆虫飞来，说时迟，那时快，青蛙突然伸出了长长的舌头巧妙地捕食了昆虫。

"为什么青蛙的动作竟那样敏捷呢？"这位科学家在认真思考着，"这个问题很有研究价值。"于是，他就把研究青蛙捕食作为研究的重点。他解剖了青蛙的眼睛和脑，研究了青蛙肌肉的功能，结果发现青蛙的眼睛与人的眼睛有着很大的区别。

这样，研究所的科技工作者根据他的发现，制造了相当于青蛙眼视网膜和视神经的电子仪器，创造了人造青蛙眼睛。

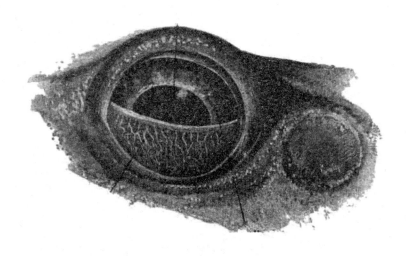

人造血的发明

1966 年的一天，美国科学家克拉克在做实验。突然，一只老鼠从笼子里逃了出来，结果掉到装有氟碳化合物液体的容器中。2 个小时后，待他做完了实验，才想起那只老鼠，结果发现，老鼠居然还没有淹死。

"这是怎么回事呀？"克拉克想。原来，氟碳化合物中溶解的氧气多，是水的 20 倍，所以有充足的氧气供老鼠呼吸。

日本医生内藤良一听说这个消息后，马上前去拜访克拉克。他回国后，便和同事们进行了多次实验研究，终于在 1978 年研制成了人造血——氟碳乳胶溶液，这是一种乳白色的胶体。他首先在自己的身上输了 50 毫升，没有感觉有不良反应。经过大量的临床实验，证明人造血安全可靠，1992 年 2 月，内藤良一宣布制造人造血获得成功。

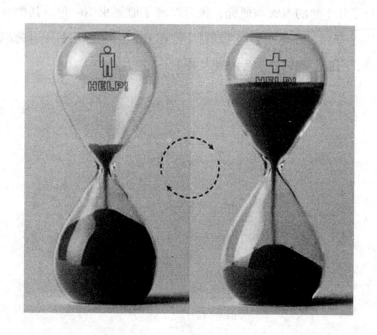

"小白点"触发的灵感

1963年8月，我国昆虫学家尹文英刚调入上海昆虫研究所不久，她就同杨平澜教授等几位同事一起，到杭州天目山采集标本。

她翻起一块块石头，仔细地查找起来。当她翻起一块石头时，忽然发现褐色的泥土中有一个小白点在蠕动。这突然触发了她的灵感："它会不会是原尾虫呀？"要知道，原尾虫那时在中国还没有研究过。

可是，这个柔嫩的"小白点"用手捏不行，用镊子夹也不行。"怎么办呢？"大家一时束手无策。尹文英忽然想到头发，她用一根头发沾上一点口水，把它粘了起来，放到了采集瓶里。

后来，经过鉴定，尹文英发现的确实是一条原尾虫。她抓住这一机遇不放，进行了几十年的考察与研究，先后发现了原尾虫164种，其中有142个新种、18个新属，并建立了4个新科。她在1995年将原尾目提升为纲，与昆虫纲并列，引起了国内外学者的极大关注。

大火烧出来的奇迹

在 13 世纪的时候，人们造出的糖总是带点浅红色，并含有较多的杂质。印度一家糖厂仓库积满了红糖。老板看在眼里，喜在心里。

谁知天有不测风云。第二天，厂房突然失火了。熊熊大火，映红了半边天。一座偌大的糖厂，顷刻间化为乌有。工人们在帮助老板清理糖缸上烧焦的木头时，惊奇地发现：浅红色的糖竟变得雪白雪白的了。

"这是怎么回事呀？"老板不明白。"不管它，尝一尝再说。"老板一尝，"啊！比红糖甜多了。"老板高兴起来，马上把这些白糖高价出售。

结果，这些白糖很受顾客的欢迎，一抢而空。

"红糖为什么会变成白糖呢？"老板和科技人员认真分析起来。

经过反复的实验，终于弄明白了问题：原来是木头被烧成了木炭，木炭是一种多孔的物质，具有吸附色素的能力，把浅红色的色素吸附了，所以糖变成了白色。这家糖厂因掌握了生产白糖的秘方，生意更加兴隆起来。

紫罗兰变色的启示

17 世纪的一天，一位花匠在英国化学家波义耳的实验室里，摆了一篮美丽的深紫色的紫罗兰。波义耳就拿了一束放到了实验室的桌子上。

青年助手威廉把盐酸倒进一个烧杯里，一不小心把盐酸溅到紫罗兰花上，花上微微冒出了白雾，他赶紧把花放进水里冲洗。过了一会儿，紫罗兰竟变成了红色。

"这是为什么呀？"波义耳找来几个杯子倒进盐酸，接着在每个杯子中都放进一朵花，结果，紫色的花逐渐变成了红色。用其他酸进行实验也是这样。"哈哈！要判断一种液体是不是酸，只要把紫罗兰放进去就行了。"

"说不定碱也能使紫罗兰变色呢？"威廉说。

"对，你这个思路很好！"波义耳说着继续进行实验，结果发现，碱确实也能使紫罗兰变色。他还实验了蔷薇、丁香、苔藓、五倍子等多种植物的根，发现一种地衣植物——石蕊中提取的紫色溶液对酸碱最敏感：遇到酸会变成红色；遇到碱会变成蓝色。就这样，他发现了酸碱指示剂。

磷的发现

1669 年，德国汉堡的布朗特忙里偷闲，正在忙着炼金呢！他所在的那个时代，炼丹、炼金术盛行。他一边忙着往坩埚里加药品，一边做着记录。然而，他炼了一炉又一炉，金子也没有炼出来，真让人扫兴。

一天，布朗特想：要炼的东西都差不多，就是没有验证过人尿能不能炼出金子来，这可没有人炼过的呀？他作出大胆的决定，应该试一试。

布朗特取来一罐尿，放在火上熬，熬呀熬，臊气熏天，他顶着恶心，从白天熬到深夜，总算把水分蒸发干了。

这时，他把剩下的残渣，放到曲颈瓶里，又接上一根玻璃管，再用一块湿布放在管子上，作冷却用。用文火逐渐加热，再退火。这时，房间里有一线微弱的光。不一会儿，一个奇异的现象出现了，玻璃管上放射着一束束美丽的浅蓝色的光焰。这种能发出"冷光"的物质，后来证明是一种新元素——磷。

"物质不灭定律"的发现

18 世纪中期之前,化学家认为,所有能够燃烧的东西都含有一种特殊的物质,称为"燃素"。18 世纪中期,俄国化学家罗蒙诺索夫做了这样一个实验。他找了一个玻璃瓶,称好了一块金属,把它放进瓶里,再把瓶口焊好。加热使瓶子里的金属变成熔渣时,停止加热,冷却后,他取出熔渣称了一下,发现重量比以前增加了。

一天,他看到了波义耳的论文:"在加热两小时后,打开曲颈瓶封闭的末端,外面的空气就会嗖嗖钻进瓶内。"这使他茅塞顿开:"增加的重量一定是空气的重量。如果加热后不打开瓶盖,重量是不会变的。"他把铅放到瓶子里,连瓶子一起称了称重量,按照这个思路进行实验,果然重量一点也没有变。

他又改用其他金属进行实验,结果都是这样。罗蒙诺索夫用实验否定了"燃素说"的错误。他于 1756 年提出了自己的见解:"一些物体所失去的东西,就是另一些物体所增加的东西。如果一个地方减少一些物质,那么另一个地方就会增加一些物质。"这叫"物质不灭定律"。

水滴生成的奥妙

1766 年，英国著名科学家卡文迪许对氢气进行了研究，他把氢气充在一个猪膀胱里。不料，这个猪膀胱竟升到了半空。

有一次，他把收集到的氢气和空气混合，用电火花点燃，突然，发生了爆炸。

他如同着魔似的被这两个现象吸引住了。有一天，他走在大街上，听到一声巨响。原来是魔术师在表演氢气的爆炸。魔术师煞有介事地说："这叫'铁板出汗'。"观众凑上去一看，铁罐的内壁上果然有细小的液滴。

卡文迪许立即把这个问题和以前研究的问题联系了起来。他马上回去做实验。他把氢气和氧气混合起来，然后点燃，结果都发生爆炸，容器内壁上都有液滴出现。"难道是容器内壁不干燥吗？"他为此特意把容器内壁弄干燥，结果，还是那样。后来，他还搞明白了那些液滴就是水。

这下子卡文迪许清楚了，水滴是氢气和氧气在爆炸的极短时间内化合而成的。

氧气的发现

1774年8月1日，英国化学家普里斯特利得到了一个放大镜，就用它做起实验来。他把不同的东西放在充满水银的瓶子里，再把那瓶子放在水银槽中，他用放大镜把太阳光集中到那物体上，结果出现了一些奇怪的现象。

为了弄清楚这个问题，他反复做着实验。最后他用一种叫三仙丹（氧化汞）的物质来进行实验，用放大镜的光照射后，竟会产生许多气体。

"这是一种什么气体呀?"普里斯特利分析着，继续研究着。他把点燃的蜡烛放在这种气体中。"哈哈！蜡烛竟发出明亮的火焰！"他感到很有意思。

接着，普里斯特利把两只小老鼠放在这种气体里。"哦，老鼠不但没有窒息而死，还生活得很好呢！"

受"燃素说"的影响，他把这种气体叫做"脱燃素的空气"。事实上，他发现的是氧气。

燃烧氧化理论

1774 年 10 月，英国化学家普里斯特利来到法国。他把三仙丹放在放大镜下，让太阳光加热，结果释放出一种能使烛光更加明亮的气体。他得意地对法国化学家拉瓦锡说："我在实验中得出的这种气体，能猛烈地吸收蜡烛中的燃素，使烛光变得更加明亮。"

拉瓦锡认为，将太阳光聚焦加热三仙丹是把氧化汞分解了，使它还原成水银，释放出了可燃的气体。拉瓦锡想："能不能把实验从它的另一个方向进行，让水银先变成红色的氧化汞，然后再使它分解呢？"如果能做到这一点，参加两次反应的物质就可以精确地计算出重量来，从而否定根本就没有的"燃素"。

拉瓦锡设计了一个实验证明了这一点，两次的气体体积相等，约占反应容积的 1/5。拉瓦锡这一经典性的实验证明了自己的氧化说，推翻了统治化学界近百年的"燃素说"。

1777 年 9 月 5 日，拉瓦锡向法国科学院提交了划时代的《燃烧概论》，系统地阐述了燃烧的氧化学说，将燃素说倒立的化学正立过来。

为织物漂白

氯气

1785年秋，法国化学家贝托雷受人委托，要为一家工厂把织物漂白。用什么东西来漂白呢？他心里没有数。"这可怎么办呢？"他无计可施，发起愁来。

一次，他跑到图书馆里查资料，偶然看到瑞典化学家舍勒1774年制造氯气的记录，上面说氯气能把色彩鲜艳的花瓣变成白色。"哎，用氯气不就能把织物漂白了吗？"贝托雷高兴地想到了他要为人家漂白的方法。

贝托雷把织物放在水里，通上氯气，哈哈！氯气真把织物给漂白了。于是，他用这种方法把工厂积压的坯布漂白，染上了颜色后成了畅销品，满足了商家对织物的需要。

"伏打电堆"

自从意大利科学家伽伐尼 1791 年发表了《论肌肉运动中的电力》后，意大利物理学家伏打对伽伐尼的实验产生了浓厚的兴趣。

伏打在自己的舌尖上放一枚薄锡片，在舌下放一枚硬币，用铜导线将薄锡片和硬币连接后，舌头产生了一股酸味。他通过多次实验发现：两种不同的金属不用动物体也可产生电。

在这个实验发现的指导下，他把铜板和锌板重叠起来，中间用浸了盐水的布堆积起来，把两端用导线连接起来，立即会产生"噼里啪啦"的响声和电火花。后来，伏打在装有稀酸或盐液的杯子中，放入铜片和锌片，竟可以形成稳定的电流。这就是"伏打电堆"，也是最原始的电池。

1800 年，伏打给伦敦皇家学会会长写信，宣布了这一重要发现。1801年，伏打在一次专门的会议上进行了表演，亲临观看的法国皇帝拿破仑把一枚金质奖章授予伏打。

道尔顿与倍比定律

1800 年，英国化学家戴维在实验中发现：相同质量的氮和氧化合后分别生成的一氧化二氮（N_2O）、一氧化氮（NO）、二氧化氮（NO_2）中氧占的质量比约为 1：2.2：4.1。这一实验数据并没有引起他本人的深思，却引起了另一个英国化学家道尔顿的极大兴趣。

道尔顿重新做了戴维的实验，发现氮和氧的化合物中，如果氮的质量恒定，则氧在各化合物中的相对质量有简单的倍数之比。

1803 年，道尔顿分析了碳的氧化物一氧化碳（CO）和二氧化碳（CO_2），测定出碳与氧的质量比分别为 5.4：7 和 5.4：14。两者氧的质量也存在着倍数关系。"哈哈！这里可能存在着倍比关系。"道尔顿喜出望外。

在大量实验的基础上，道尔顿 1803 年创立了"倍比定律"。

猫"发现"的元素

19世纪初，法国皇帝拿破仑发动了一场规模巨大的战争。许多化学家都在研究人工合成硝酸钾来制取炸药。法国化学家库特瓦也正在研究利用海草来制取硝酸钾。他把收集到的海草烧成灰，把灰泡在水里，再通过这些泡过海草灰的水制出透明的硝酸钾。

库特瓦是个善于提出问题的人。他想："这些泡过海草灰的水制取硝酸钾之后，剩下的液体中会不会有其他成分呢？"

1811年的一天，库特瓦正专心地工作着。"砰"的一声，一只调皮的猫把架子上的盛浓硫酸的瓶子碰倒了，浓硫酸正好淌进浸过海草灰的瓶子里。两种液体相遇后，立即升起了一股紫色的蒸气，并有强烈的刺鼻气味。

库特瓦很善于观察，他立即收集起这种挥发性的物质，获得了一种紫色的、漂亮的晶体。1814年这一元素被定名为碘，取希腊文"紫色"的意思。

红棕色液体的追究

1824 年，法国化学家巴拉尔得到一种红棕色的液体，他也不知道这是什么东西，于是格外注意起来。他想了想："哦，想起来了，以前见过。"

以前，巴拉尔把海草烧成灰，加上水，再用氯和淀粉去处理，液体分成了两层：下层是蓝色，上层是红棕色。用同样的方法去处理海水，也能得到同样的液体。

巴拉尔知道，那蓝色的液体中含有碘，海草和海水中都含有碘，得到碘不奇怪。"那么，红棕色的液体里又含有什么呢？"

巴拉尔抓住这个问题不放，反复研究，多次实验，终于发现红棕色液体中含有一种新元素。他根据自己的研究实验，写成了一篇叫做《海藻中的新元素》的论文，发表后轰动了科学界。法国科学院于 1826 年审查了巴拉尔的新发现，把这种元素命名为"溴"。

德国化学家李比希比巴拉尔早在几年前就获得过红棕色的液体，可他误认为是"氯化碘"，就再没有深入研究，结果失去了溴的"发现权"。

葡萄酒为什么变酸

1835 年的一天早晨，瑞典化学家柏齐力乌斯又要去实验室。"今天是你的生日，晚上宴请朋友，要早一点回家。"妻子玛利亚再三叮咛。柏齐力乌斯可是个实验迷，一进入实验室就把这个事忘得一干二净，直到晚上妻子亲自去叫他。

一进门，柏齐力乌斯的亲朋好友就向他举杯祝贺他生日快乐，柏齐力乌斯顾不得洗手，就接过一杯红葡萄酒，一饮而尽。"哎，玛利亚，你怎么把醋当成了酒倒给我喝?"

客人们喝了，都说是酒没有错。

"这是怎么回事呀?"柏齐力乌斯感到奇怪了。他仔细检查了一番，哈哈，问题找到了。原来是杯子上沾染了少量黑色粉末。他知道了这是在实验室研磨白金（铂）时沾上的。他高兴极了，把剩下的酸酒一饮而尽。

他发现了一个秘密。红葡萄酒变酸是铂当了"魔术师"，把酒变成了醋酸。他把铂的这种作用叫做"催化作用"。

紫罗兰为何褪色

"先生，我们从纽卡斯尔市来。"1838年的春天，满头白发的园艺家对英国著名科学家法拉第说："我们那里近几年，紫罗兰褪掉了鲜艳的紫色，竟变成白色的了。您说是怎么回事呀？"

法拉第说："难道与浇水有关？还是与施肥有关？"这些都被园艺家否定了。

"在这里说不清，干脆我到你们那里去看一看吧！"法拉第说。

法拉第来到纽卡斯尔市，一股刺鼻的气味扑面而来。他经过多方面的了解，才知道这是燃烧一种含有黄铁矿的煤炭所放出的一种叫做二氧化硫的气体。法拉第分析，正是这种气体碰到湿润的花瓣，使花瓣的颜色褪掉了。就这样，他帮助园艺家找到了花褪色的原因。

善于发现问题的法拉第心里产生了一个大问号："二氧化硫能使花瓣褪色，能不能使别的物质也褪色呢？"

法拉第进行了一次次实验，终于发现了二氧化硫有漂白作用。直到如今二氧化硫还被用在工业上做漂白剂。

"火药棉"——烈性炸药

19世纪上半叶，许多化学家都在探索利用纤维素做原料，来合成巨型分子。德国化学家舍恩拜也不例外，也在认真研究着。

1839年的一天，他趁妻子外出不在家的时候，到厨房做起实验来。他在慌乱中，不慎把一瓶硫酸和硝酸的混合液打翻了。他随手抓起一件棉布围裙把流出的液体涂擦掉，并把围裙放在火炉旁以便烤干。就在这时，"砰"的一声发生了意外爆炸，围裙在爆炸声中立刻化为灰烬，连一点浓烟也没有。

当舍恩拜震惊的心平静下来之后，他想："天啦！这是怎么回事呢？"他立即认识到，这可是一种新的发现。他被这件爆炸的事强烈地吸引着，于是放下了手头所有的实验，对这一现象进行了深入的研究。最后，他发现了这种化合物的强大威力，发明了被人们称为"火药棉"的烈性炸药。

橡胶"硫化法"的来历

1839年2月的一天，美国发明家古德伊尔照例将橡胶和硫磺与松节油混合在一起，将混合物倒入带把的锅里，他一边对锅加热，一边和朋友谈话。突然，一不小心锅从手中滑落，瞬间，锅中的混合物掉在烧得通红的炉子上，这块橡胶本应受热熔化，但它并没有熔化，而是保持原来的形态被烧焦。

"哦，这是怎么回事呀？"古德伊尔没有放过这一不起眼的现象，紧紧抓住不放，"这种烧焦的过程，如在适当的时候能给予控制的话，那一定会形成不粘的橡胶。"

于是，古德伊尔在这种思路的指导下，反复实验。对掺入橡胶的比例，加硫磺的多少，加热的温度，什么时候停止加热等具体步骤都一一进行了探索，终于获得了最佳性质的橡胶，发明了橡胶加硫的新技术，掌握了制造优质橡胶的方法。

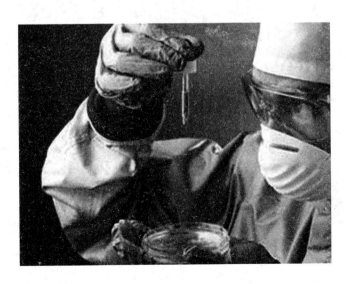

麻醉剂的来历

1799 年，英国化学家戴维发现笑气，应用在舞会上，可引起人们大笑不止。

1844 年，美国牙科医生威尔士在舞会上碰到一桩怪事：一个脚上划了一条大口子的人因吸了笑气，却没有感到疼痛。这引起了他的深思："这一定与笑气有关。这笑气可不可做麻醉剂呀？如果行的话，拔牙时病人不就感觉不到疼痛了吗？"

于是，他吸了一些笑气，就开始给自己拔牙，果然没有感到疼痛。几次实验后，他就公开表演"麻醉无痛拔牙"。他让一位患者吸入一些笑气，然后给患者拔牙，患者却痛得大叫起来。

这是怎么回事呀？威尔士年轻的助手摩顿认为，笑气一定有麻醉作用，但如果吸入的量太少，患者还是会痛。他决心寻找更有效的麻醉剂。

一次，摩顿从化学家杰克逊那里得到启示，用乙醚进行麻醉实验，效果很好。1846 年，摩顿用乙醚做麻醉剂，进行了拔牙演示，大获成功，从此，乙醚被广泛用做麻醉剂。

人造染料的发明

1856 年，英国化学家帕金在英国皇家化学学院教授、德国化学家霍夫曼的指导下，试图从煤焦油中提炼治疗疟疾的药物——奎宁。

帕金按照老师的吩咐，从煤焦油里很快提炼出了一种物质。但令人沮丧的是，提炼出的东西不是奎宁，而是一团黑色的物质，并有着很强的粘着力。

"这是什么东西呢？"失望的帕金顺手把它放入酒精里，溶液出现了鲜艳的紫色。

"哦，这东西或许有点用，是不是可以用它染布呢？"帕金马上认识到这东西的价值，他找来一条白色的丝巾，用这种紫色一染，"哈哈！十分漂亮。"这样，世界上首次出现了人工染料。这种染料被命名为"苯胺紫"。

转炉炼钢法的来历

19世纪中期的时候，英国冶金学家贝色麦看准了钢是工业革命的重要材料，也是必不可少的基本材料，但是当时钢的产量很低。他想："怎样才能得到大量的钢呢？"

1856年的一天，贝色麦用鼓风箱往坩埚里送风，偶然发现一块铁片粘在坩埚的边上。凭着一种对铁的变化的敏感，他命令助手熄火，取下这块铁片。他看了之后高兴得几乎要跳起来："我的上帝，它已经变成钢了呀！"

贝色麦转炉

"这块铁是怎样变成钢的呢？"贝色麦经过反复实验和思索分析，终于弄清了原因：这块铁由于粘在坩埚边，得到了鼓风箱鼓入的足够的氧气，才使生铁中的碳大多被氧化而变成了钢。"哈哈！应加大氧气量……对！从坩埚底部吹进氧气效果可能最好！"贝色麦根据这一原理，很快设计、制造了一种从炉底吹氧的新式炼钢炉，并发明了转炉炼钢法。

梦境中的启发

1858 年的一天，德国化学家凯库勒坐在公共马车上回家，随着马蹄的"嘚嘚"声，他很快进入了梦乡——好像有许多小原子时而结成对儿，时而又互相拥抱；大原子一会儿抓住三四个小原子，一会儿这些原子又跳起华尔兹舞来……

"克拉帕姆路到啦！"随着喊声，凯库勒从梦中惊醒。于是，他急忙回到家里，将梦境挥笔疾书，终于写就一篇后来闻名于世的碳的链状结构理论论文。

1865 年的一个夜晚，凯库勒在灯下编写《化学教程》，困倦的他不久打起盹来。朦胧中，凯库勒仿佛看到一条蛇咬着自己的尾巴，摇摆着在转来转去。他如同遭到了电击，猛然惊醒过来。他急忙开"夜车"，用梦境中一个六角形的环状结构来表示苯分子 C_6H_6，解决了有机化学上的这一难题。

凡士林是这样来的

1859 年，只有 20 岁的美国药剂师切斯博罗在参观油田时，发现在油井抽油杆上有一种蜡垢——杆蜡，工人要费很多时间来清理这些废物。切斯博罗好奇地问："难道这些东西没有用了吗?"

"杆蜡对钻井一点作用都没有，但用来治疗烫伤和割伤还有点用。"切斯博罗听了，就收集了一些样品带回去。他进行提炼、净化，得到了一种膏状的油脂。

一次，切斯博罗的手腕碰伤了，他找来了一盒膏药准备敷伤。"唉，怎么长毛变质了呢?"他就去问药房主管，主管说："药膏是用动植物油调制的，时间长了就要变质。""谢谢您!"切斯博罗说着就跑了回去，弄得药房主管莫名其妙。

原来，切斯博罗想到了自己提炼出的油脂，它类似于动植物油，可是又不容易变质。他弄来了一些药物，用他自己制作的油脂配成膏药进行实验。"哈哈! 药效还不错。"于是，切斯博罗把这种膏药定名为"凡士林"。

光谱分析法的诞生

1859 年的一天，德国分析化学家本生碰到了好朋友物理学家基尔霍夫，两人就交谈起来。"我近来有一种新的发现。"本生说，"就是不管什么物质在火焰上一烧就会出现固定的颜色。像钠是黄色，钾是紫色。可是最近又发现不同的物质可以烧出同样颜色，如钾盐和锶盐都是深红色。"

基尔霍夫听后灵机一动，说："我们不去看火焰的颜色，而是看它的光谱。"

"哦，好办法。"本生眼前豁然一亮。第二天，本生和基尔霍夫联手，制成了世界上第一台分光镜，光谱分析法也随之诞生。

1860 年，本生和基尔霍夫找来矿泉水浓缩后放在灯上烧，从分光镜里一看，光谱里出现了从来没有见过的天蓝色线条，就这样，他们发现了新元素铯；1861 年，两人又在研究锂云母样品的光谱时发现了两条深红色的线条，从而找到了新元素铷。

安全炸药的发明

瑞典化学家诺贝尔的父亲将瑞典的火药厂交给诺贝尔管理。诺贝尔一边管理一边研究比火药威力更大的炸药。

有一天，工厂把装有硝化甘油的油桶堆在海滩上准备装船，不知什么原因，有一个桶出现了漏洞，将一桶硝化甘油漏到了海滩的沙子上。诺贝尔想："硝化甘油是炸药，那么被硝化甘油浸透的沙子会不会也是炸药呢？"

诺贝尔不声不响地把浸透硝化甘油的沙子带回去做实验。让人意想不到的是，这些被硝化甘油浸过的沙子不怕冲击和敲砸，但用火靠近时发生了爆炸。

"哈哈！好现象。"诺贝尔高兴了，"这样不就可以制成安全炸药了吗？"就在这个基础上，诺贝尔经过多次实验和研究，终于发明了既有爆炸力又安全可靠的全新的安全炸药。1867 年，诺贝尔做了一次公开的对比实验，使人们深信他的安全炸药确实安全。

元素周期表的发现

1869 年 2 月 17 日，俄国化学家门捷列夫结束了一天紧张的研究工作，十分疲劳地倒在沙发上。休息了一会儿后，他又继续工作起来。结果元素的周期性变化还是没有理出个头绪来。

几个星期来，他食不甘味，一个囫囵觉也没有睡过。面对堆积如山的资料，他有一种预感："自己 15 年来萦绕在心中的研究即将迎刃而解。"这令他非常兴奋。极度的疲劳使他渐渐进入梦乡，他突然觉得元素周期表由模糊变得清晰起来，令他感到一阵惊喜。门捷列夫随即醒来，急忙拿起笔把梦中的元素周期表写了下来，于是，一个伟大的发现终于诞生了。

门捷列夫根据元素周期表预言了新的元素存在，这些新元素在此后相继被科学家们发现，事实证明他的周期表完全正确。

元素周期表

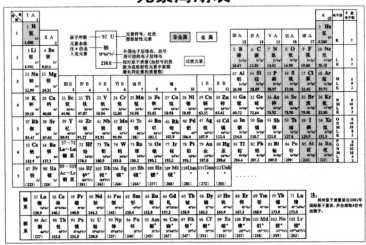

第一种塑料的来历

19 世纪中期，乒乓球运动风靡美国，制造商们都想制造一种更为理想的乒乓球，于是，在报纸上悬赏 1 万美元，以征集更好的乒乓球。

人们跃跃欲试，但是很多人没有耐心，纷纷失败了。

一个名叫海厄特的美国人对制乒乓球很感兴趣。他有一个阅览报刊杂志的好习惯，尤其对化学他一直很留心地研究着，经常搞一些小发明和小实验。这会儿他特别关心着各种化学期刊。

有一天，他在一本化学刊物上看到将普通的棉花浸在浓硫酸和浓硝酸的混合液中，棉花会出现新的特性。海厄特大受启发，便按照这个方法进行实验。

一次，他把樟脑丸放进这种溶液中不断搅动摇晃，渐渐溶液变得粘稠，最后变成一团白色柔软的东西，把它搓成一个乒乓球的样子，待它冷却变硬后，把它往地上一扔，哈哈！竟弹得很高。人们把它叫做赛璐珞，意思是来自纤维的塑料。这就是人类发明史上的第一种塑料。那一年是 1869 年。

聚氯乙烯的发明

1872 年的一天，德国化学家鲍曼发现家中被盗。他仔细检查，房间里的生活用品及书籍都在，但放在办公桌上的一瓶装有氯乙烯气体的玻璃瓶失盗。为了这瓶物质，鲍曼不知花费了多少心血。这可是他心中的宝贝呀！他急忙向警察报了案。

3 天后，警察抓获了小偷，把那个玻璃瓶还给了鲍曼。他急忙打开瓶子一看，大吃一惊，那些氯乙烯气体不见了，只剩下一些白色粉末粘在瓶壁上。

回到实验室，他急忙对白色粉末进行鉴定，原来是氯乙烯的聚合物——聚氯乙烯。

"这是怎么回事呀？"鲍曼百思不得其解。

他急忙到警察局找小偷了解情况。原来小偷本以为小瓶里装着什么值钱的东西，但回家一看，没有装什么东西，就把它扔到阳台上。

鲍曼推测："可能是阳光照射起的作用？"

他又重新制成了氯乙烯，装在瓶子中，把它放在阳光下晒。"哇！果然制成了聚氯乙烯。"

波尔多液的发明

1878 年，法国波尔多城的葡萄遭到露菌病的袭击，许多葡萄园面临着颗粒无收的局面，但有家葡萄园的葡萄却长得特别好。波尔多大学教授米亚卢德对此很感兴趣，于是去请教这家葡萄园的主人。"你是用什么方法使葡萄不得病的呀？"

主人听后，笑嘻嘻地说："我没用什么方法呀！我这里的葡萄园紧靠大道，有不少人喜欢顺手牵羊摘葡萄吃，我就想了一个办法，用石灰水和硫酸铜喷到葡萄上，这样葡萄看起来不蓝不白，又有难闻的气味，人们就不喜欢吃了。"

"哦，原来是这样。"米亚卢德思考着，"看来，问题就出在石灰水和硫酸铜上。"于是，米亚卢德就进行了大量的实验，不断调节石灰水和硫酸铜的配兑比例，终于找到了最佳的配剂方案，得到了一种天蓝色液体，不仅可以防治露菌病，还可用来治疗梨的黑星病、苹果的黑斑病等。米亚卢德将这种液体命名为"波尔多液"。

人造丝的问世

法国人夏尔多内是大化学家巴斯德的学生和助手。他协助巴斯德研究蚕丝业的一种病害，需要较高的照相技术。

1878 年，夏尔多内在研究照相底片时发现，当搅动硝化纤维液的玻璃棒从黏液中抽出来时，又黏又稠的液体会立即被拉成很长的细丝，很像蚕丝，并且手感很好。

这种现象激发了他的灵感："哎，通过美国人斯旺发明的拉丝器，把硝化纤维拉成很多的细丝，不就得到大量的人造丝了吗？"他抓住这一想法，经过实验终于拉成了细长、光亮、美丽的人造丝。在 1889 年的巴黎博览会上，"夏尔多内丝"出尽了风头。

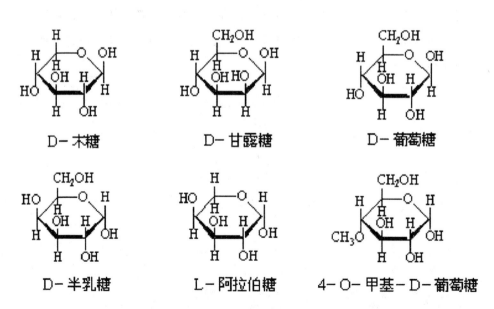

D- 木糖　　　　　D- 甘露糖　　　　　D- 葡萄糖

D- 半乳糖　　　　L- 阿拉伯糖　　　4- O- 甲基- D- 葡萄糖

氩的发现

1892年9月，英国剑桥大学教授瑞利在美国《自然》杂志上发表了一篇短文：

"我用两种方法制得的氮气的密度不一样……希望读者提出宝贵意见。第一种方法：让空气通过烧得红热的装满铜屑的试管，氧与铜化合，剩下了氮。这种氮的密度为1.2572克/升，称为氮1。第二种方法：让氧、氨通过催化剂，生成水和氮气，这种氮的密度为1.2508克/升，称为氮2。两者密度相差0.0064克/升。"

英国化学家拉姆赛据此推测：氮1比较重的原因，是氮1含有某些密度较大的气体。氮1是从空气中制取的。空气中除了氧和氮之外，还有未知的气体。

为了证明这个问题，拉姆赛让氮1通过赤热的镁屑，把氮彻底耗尽。剩下的气体体积是氮1的1/80，密度是氢的20倍。就这样，他发现了一种新气体。

接着，拉姆赛和瑞利合作对新气体展开研究，并进行了光谱分析，1894年，他们给这种新气体起名为"氩"，是希腊文"懒惰"的意思。这也是人类发现的第一种稀有气体（也叫惰性气体）。

制颗人造金刚石

一次，用于做实验的金刚石失窃。法国化学家莫瓦桑萌生了一个念头："天然金刚石稀少昂贵，如果能制造出人工金刚石该多好呀！"

作为化学家他心里最清楚："要制造金刚石并非易事，这首先要弄清楚金刚石的结构及了解它是怎样形成的。"莫瓦桑翻阅了大量的资料，他弄清楚了金刚石的主要成分是碳。可是这方面的研究资料太少了。

有一次，他参加了一个关于陨石的报告会，知道陨石里面含有极少的金刚石晶体。他想："在陨石和石墨矿的形成过程中，能不能产生金刚石晶体呢？"

对此他进行分析，最终提出了一个大胆的设想："金刚石的主要成分是碳。陨石里含有少量的金刚石，而陨石的主要成分是铁。我们把实验程序倒过来，先把铁熔化，加进碳，使碳处在高温高压下，看看能不能生成金刚石？"

莫瓦桑一次一次实验都失败了，但他百折不挠，经过无数次反复的探索，1893年，人造金刚石终于在实验室里诞生了。

连续发现三种稀有气体

　　1895 年，一位化学家给英国化学家拉姆赛写信说，钇铀矿和硫酸反应会生成一种气泡，不助燃，也不自燃。拉姆赛连忙一试，这种气体的光谱竟和氩不同。后来他和光谱专家克鲁克斯一起鉴定，发现那是一种新的稀有气体——氦。

　　拉姆赛分析，氦既然不易和其他元素结合，那么它一定会独立存在于空气中。"我要从空气中找到氦。"拉姆赛想到了用物理方法，就是将空气冷凝到零下 192℃变为液体，根据气体蒸发的先后次序不同分离。

　　1898 年，拉姆赛在一个上午做了实验，他想氦一定比氧、氮蒸发得慢，最后留在器皿底下。到下午，拉姆赛将器皿底那点已经不多的空气经过除氧、除氮处理，收得一个小小的气泡，再用分光镜一照，氦没找见，却又出现了一种新谱线，他将这种新元素定名为"氪"。

　　拉姆赛想，氦没有留在最后就说明氦先蒸发了。这回他将液化空气一点点蒸发分馏，然后逐次抽样，用分光镜检查。他先查出一种新元素把它定名为"氖"。用类似的方法，他又发现了稀有气体"氙"。

原始霓虹灯的问世

1895 年，美国科学家莫尔做了一个实验，他将密封的玻璃管中的空气抽掉，充入少量的二氧化碳，然后给以高压，使它放电，从而制成了一种放着白光的灯。这一实验说明，在真空管中，充一定量的气体并给以高压，就会发出光来。

这个实验给英国化学家拉姆赛以极大的启示。他想："在灯泡里注入稀有气体会产生怎样的效果呢？"

1898 年 6 月间的一个晚上，拉姆赛根据莫尔的实验，与他的助手一道在实验室里做了一个有趣的实验。他将一支玻璃管里的空气抽净，然后将一种稀有气体注入真空玻璃管里，再把密封在真空玻璃管中的两个金属电极连接在高压电源上。这时，一个奇迹产生了，真空玻璃管内的稀有气体开始导电，发出了美丽迷人的红光。

此后，他经过两年的不断改进完善，1900 年，原始的霓虹灯——放射灯问世了。

抓住"屠狗妖"

在意大利一座风景秀丽的山峰脚下，有几个青年人带领着几条狗去打猎。突然，一阵电闪雷鸣，下起了大雨，他们急忙跑到一个大山洞里避雨。

雨过天晴。他们从山洞出来后，发现狗还没有出来。大家回去一看："天啦！活蹦乱跳的狗怎么死了呢?""不好！洞中有'屠狗妖'!"他们争先恐后地跑了出来。

科学家波尔曼不信"邪"。他进入山洞，用深邃的目光在洞里敏锐地搜索着。他发现洞顶上渗出的水会冒出一个个小气泡，脚下的水也有小气泡往外冒。

这些小气泡很可能就是杀害狗的凶手，波尔曼立即想到了这一点。思维敏捷的波尔曼急忙点燃一支蜡烛垂直放下，当他放到膝盖处时，烛火一下子就熄灭了。

"哈哈！我抓住'屠狗妖'了!"波尔曼欢呼起来。

原来，"屠狗妖"就是二氧化碳气体！这里是一个石灰石山洞，小气泡是二氧化碳，它的密度比空气密度大，因此在洞底下聚集。由于狗比人矮，于是淹没在二氧化碳的气层里，时间长了就会窒息而死。

格林尼亚试剂

19 世纪中叶，金属有机化合物出现，随后应用越来越广泛。科学家们先后用二甲基砷和乙基锌来制取金属有机化合物，但是制取起来很困难，成本又高。法国里昂大学有机化学家格林尼亚，决心寻找更好的金属有机化合物。

在实验中，他发现金属镁比锌活泼。他想："如果能制出乙基镁，让它诱发有机合成反应那该多好呀！"

1901 年的一天，格林尼亚开始了一项新的实验，他把卤乙烷和镁放在乙醚中反应，结果发现：溶液先是变得混浊，然后开始沸腾，最后金属镁完全消失，得到了一种溶液。经过测定，这种溶液就是他孜孜以求的乙基镁。

乙基镁比乙基锌制作更简单，而且它不必从溶液中分离出来，可以直接用于各种反应。它的这一优点使得它很快就取代了乙基锌的地位。格林尼亚也因此于 1912 年获得了诺贝尔化学奖。为了表彰和纪念这一溶液的发明者，科学界将这一溶液称为"格林尼亚试剂"，简称格氏试剂。

铝合金的发明

20 世纪初，德国科学家维尔姆接受了一项任务，部队要他寻找一种比钢铁轻但和钢铁一样坚固的材料，来制造飞艇、飞机。

维尔姆认为密度比钢铁小的铝最合适。"怎么能让铝硬起来呢？"维尔姆想，"合金钢那么硬，能不能像炼合金钢那样炼出一种铝合金呢？"

他按照这个思路进行实验起来。他把不同的金属掺入铝中，可是都失败了，但他毫不气馁。

一天，他把少量的铜和镁加入铝中，用锤子一敲打，"哎，怎么这次敲打不碎呢？是力不够吗？"他又用力一敲，"嗬！还真的敲不碎呢！"

实验证明它的硬度是铝的 3 倍！"怎么来提高它的强度呢？"

他又把烧红的铝放在水中进行淬火，经过反复实验，维尔姆终于找到了最佳的热处理方法。

这样，这种含有少量的铜和镁的铝合金，经过淬火，就成了比钢铁轻却与钢铁一样坚固的材料。

电木的来历

1906 年，美国化学家贝克兰正在研究一种新的有机物质——酚醛树脂。这是一种半透明的液体。只是这里的老鼠猖獗，他要想法逮老鼠，以防它们捣乱。

一天晚上，贝克兰为了引老鼠上钩，特意在捕鼠器里放进了一些香喷喷的奶酪。第二天清早，他走进实验室一看，顿时大吃一惊。一瓶酚醛树脂被打翻了，捕鼠器不但没有捕到老鼠，连里面的奶酪也变了样，变得像石头一样坚硬。

"哎，这是谁搞的鬼呢？"贝克兰恼怒了。"咪"的一声打断了他的思路，一只猫从他的脚跟下溜掉了，原来是一只懒猫闯的祸。

贝克兰可是个善于追根究底的人，这意外的现象使他立刻产生了疑问："捕鼠器里糨糊似的奶酪为什么变硬了呢？"

贝克兰为了搞清楚这个问题，又继续做实验，发现把奶酪和酚醛树脂搅和在一起，立刻会变得坚硬和光滑起来。他还发现，将酚醛树脂添加木屑加热、加压也可使其变得非常坚硬、光滑，不怕酸和碱，耐烧又耐烫，这就是电木。

鲜汤的秘密

1908 年的一天中午，日本教授池田菊苗上完化学课，回家吃饭。"啊，今天这碗汤怎么这样鲜？"教授喝了两羹匙菜汤，惊喜地问。

"你饿了吃什么都觉得有滋味。"妻子说。

"也许是这样。"教授惬意地说着，并用小羹匙在汤碗中搅动了几下，汤中不过是几片黄瓜和几片海带。他又喝了一羹匙汤，品尝着，觉得味道特别鲜，便对妻子说："这味道确实很鲜，晚上你再照样做一碗。"教授来了兴趣。

妻子有些纳闷，晚上又重做了三碗汤。教授郑重地加以品尝，情不自禁地对妻子说："你快来尝一尝这碗汤，味道就是不一样！"妻子怀疑丈夫把用餐当成学校上化学课了。

"黄瓜和海带汤真鲜美，看来这汤里面有奥秘。"教授相信自己灵敏的味觉。后来，他终于揭开了鲜汤的秘密，从海带中提取出了一种物质——谷氨酸钠，它可以让汤变得鲜美，这就是我们熟悉的味精。

合成氨的探索

1902 年初，德国化学家哈柏去美国进行科学考察，参观了一个模仿自然界雷雨放电来生产固定氮的工厂，这使他产生了极大的兴趣。

回国后，哈柏和学生罗塞格诺尔让氢气和氮气在常温下进行反应，可怎么也得不到氨气。他们又给氢气和氮气的混合气体通电火花，结果有微量的氨生成。

"电火花只能产生暂时的高温。"哈柏想。于是，他采用高温加热的方法，反复进行实验，但没有成功。后来，哈柏根据他人的研究，进行方法改进。1904 年，哈柏对合成氨进行了大规模的实验。他经过了 6 500 多次压强和温度的改变实验，选用的催化剂材料达 2 500 种之多。

1909 年的一天，哈柏又在做实验。突然，他兴奋地喊道："它滴下来了！你们看，它终于滴下来了！"经分析，他们制得的氨的浓度为 8%，实验取得了实用价值的突破，合成氨终于成功。

1910 年，第一座合成氨实验工厂诞生了。因发明氨合成法，哈柏荣获 1918 年诺贝尔化学奖。

防毒面具的诞生

第一次世界大战爆发了。1914 年 9
月，德军在比利时的伊普雷战役中，使
用了 180 吨的液体氯攻击对方阵地。英
法联军在绿色的烟雾中有 150 000 人中
毒，5 000 多人丧命。人们发现，在这
一地区有大量野生动物也中毒死亡。令
人吃惊的是，惟有野猪却安然无恙。
"这是怎么回事呢？"这引起了英法联军
的极大兴趣。

于是，他们派出优秀的化学家深入实地考察。通过反复调查研究，俄国
著名化学家泽林斯基发现野猪喜欢用嘴巴拱地，当它们嗅到强烈的刺激性气
味时，就用嘴巴拱地来躲避。"这是为什么呢？"进一步研究发现，松软的土
壤颗粒能吸收和过滤毒气，从而使它们得以幸免于难。

哈哈，泽林斯基有办法啦！他按照这个思路，寻找松软的东西来吸附和
过滤气体。几经研究和实验，终于发现木炭具有吸附、过滤功能，可以作为
防毒面具的材料。于是，世界上第一批防毒面具诞生了。

研制电池铅粉

制作蓄电池极板需要涂敷铅粉。1918 年，日本人岛津原藏决心自己研制。他拜访了好朋友植田博士，博士说不妨从氧化反应的思路试一试。岛津按照这个思路设计多种实验方案。

一次，他想起了童年时洗芋头的情景。把芋头装在竹筐里用力摇，芋头在筐里滚来滚去，互相摩擦，泥污不一会儿就淘干净了。"哦，我也用摩擦的方法试一试。"

他找来一只汽油桶，把铅块放在里面。轰隆隆地摇了起来，温度达到近 200℃。摇了 1 个小时，果然出现了一些氧化铅粉末。

"怎样使铅在空气中更好地氧化呢?"岛津并不满足。他又设计了几种方案，都没能行得通。最后，他干脆向汽油桶里鼓气。在摇晃 1 小时后，出粉率一下子增加了 18 倍。他发明的这一技术还申请了专利，这一技术超过当时的世界先进水平。

"种瓜得豆"

1920 年，英国卜内门化学公司开始了聚合物的研制工作。

到了 1933 年，英国的化学家弗塞特、巴顿、佩林等人经过一番努力，想通过乙烯与苯反应合成苯乙醛，可是实验还是失败了，大家发出一阵阵"遗憾"的叹息声。

在拆除实验设备时人们发现，在设备的一些部位上牢牢粘上了微量的白色粉末。"这是一些什么物质呢？"喜欢追根究底的佩林想弄个究竟，他用手取了一点粉末，放在大拇指和食指上一搓。"哎，奇怪，这些粉末的黏性强得惊人。这是怎么回事呢？"

佩林就对粉末进行了认真的分析研究，发现它就像化学纤维那样可以被抽成细丝和轧成薄膜，而且绝缘性能良好。原来这是聚乙烯。

佩林和他的同事们继续研究，反复试验，克服了各种困难，终于在 1935 年重新实验取得了成功。

哈哈！这真是"种瓜得豆"呀！

"塑料王"的来历

1938 年的夏天，美国化学家普伦基特正在研究用四氟乙烯与其他化学物质反应，合成新的化合物。

有一天，他在助手的配合下进行实验。可实验不一会儿，发现钢瓶里的四氟乙烯不流了。"这是怎么回事呢？"普伦基特分析着，"那满满一瓶的四氟乙烯哪里去了？"

他把钢瓶使劲地晃了晃，似乎有一些固体在响动。"怎么会有固体呢？"他就把钢瓶的阀门拆了下来，结果倒出了一些白色固体。他最后把钢瓶锯开了，里面全是白色粉末。

"哦，原来四氟乙烯由液体变成了固体聚四氟乙烯。"就这样，普伦基特发现了"塑料王"——聚四氟乙烯。他立即进行鉴定。1941 年，普伦基特获得专利，首次把"塑料王"公布于世。

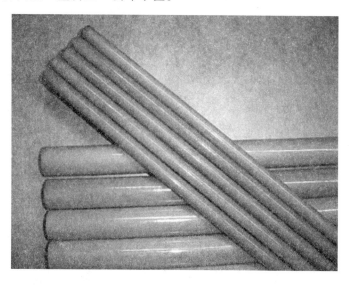

烟灰掉进坩埚里所带来的

早先的化学电池有铜、银两个电极，电解质有腐蚀性，电流小，也不稳定。20世纪30年代末，美国发明家亚当斯决心改进这种电池，他试用镁作阳极，用氯化铜作阴极，使用水作介质就可产生电流。经过他多次试验和改进，电流还是太小。可是亚当斯仍然没有放弃努力。他的烟瘾很大，常常一边吸烟一边进行试验。

有一天，又一锅的氯化铜要炼好了。可就在这时，亚当斯手里长长的烟卷灰掉进了坩埚里。"糟了，脏了！"亚当斯后悔不迭，但也无可奈何，只好抱着侥幸的心理同往常一样做好电极，并把氯化铜装在一个罐头盒里，加上水。接通电路，串联上电流表后，突然电流表的指针大幅度跳了起来，期盼已久的大电流终于出现了。"哈哈！得到了！"他高兴极了！

事后，他分析是烟灰中的碳起的作用。于是，他在水介质中加了木炭、硬煤，甚至食用糖等物质。经过反复试验，最后终于发明了一种新电池，大约在1940年申请了美国专利。

另辟蹊径与诺贝尔奖

20世纪30年代，有许多科学家致力于蛋白质分子空间结构的研究，但都跳不出蛋白质以螺旋形式存在、每一螺旋圈中的氨基酸为整数的思维定势，因而没有取得多少进展。

美国结构化学家鲍林在经过了11年研究之后突然领悟到："要跳出人们传统观念的束缚，再也不能钻这条死胡同。"于是，他敢字当头，另辟蹊径，突破思维的框框，换一个全新的立场来考虑，提出了每一螺旋圈的氨基酸有小数点的模式，通过研究从而取得了重大突破，于1954年获得诺贝尔化学奖。

金质奖章历险记

1943 年，丹麦处于德国法西斯统治的水深火热之中。一天黄昏，举世闻名的丹麦物理学家玻尔正在埋头实验。突然，一个警官破门进入，急促地说："玻尔大教授，您被盖世太保列入黑名单，上级命令您今夜必须离开丹麦。"

玻尔一想到要离开祖国，就从提包里把诺贝尔化学奖金质奖章取了出来，说："我要把这枚奖章留下，以表示我返回祖国的决心！"

"教授，难道您不担心狡猾的盖世太保会找到您的奖章吗？"警官担忧地说。

玻尔思考了一会儿，说："这些愚蠢的家伙，绝不会找到的！"说完，他娴熟地先后把浓硝酸和浓盐酸倒入烧杯，然后把金质奖章放进了烧杯的溶液中。警官惊愕了！

"我刚才用 1 体积的浓硝酸和 3 体积浓盐酸配制成'王水'，待奖章溶解后，在眼皮底下他们也是看不到的。"

1945 年，第二次世界大战结束后，玻尔从美国归来，用铜把液体中的金置换了出来，又重新铸成一枚与原来一样的诺贝尔奖章。

化学家的见解

格林太太发生了一次车祸，差一点送了命，碰掉了一颗牙。她为了赶时髦，就镶了一颗金牙。谁知，她从此种下了祸根。格林太太常常觉得舌头发麻，晚上头痛难眠。她虽然四处求医，但都没有治好牙痛病。

一天，格林太太家来了一位客人，他是一名化学家，他了解了情况后，仔细看了她的口腔，灵机一动说："夫人，请放心，我明天便来治好你的病。"

第二天，格林太太家来了好几位医生客人，他们是来会诊的。只见化学家从箱子里取出一片金片和一片铁片，放在格林太太的嘴里，再用导线把两片金属片与一只灵敏的电流计相接。

化学家说："当两种不同的金属在口腔中与唾液接触时，便会形成'微电池'而产生电流，从而使格林太太感到不适。所以我的处方是换掉假牙，只是究竟将金牙换成什么非金属材料，就悉听尊便了。"

哈哈！医生给格林太太换掉了金牙，从此，牙病一去不复返了。